*Como é feliz quem teme o SENHOR,
quem anda em seus caminhos!*
Salmos 128.1

ADMINISTRAÇÃO PÚBLICA EM MAPAS MENTAIS

JEAN CLAUDE
THIAGO STRAUSS
MARCELO LEITE

ADMINISTRAÇÃO PÚBLICA EM
MAPAS MENTAIS

Niterói, RJ
2016

 © 2016, Editora Impetus Ltda.

Editora Impetus Ltda.
Rua Alexandre Moura, 51 – Gragoatá – Niterói – RJ
CEP: 24210-200 – Telefax: (21) 2621-7007

CONSELHO EDITORIAL
ANA PAULA CALDEIRA • BENJAMIN CESAR DE AZEVEDO COSTA
ED LUIZ FERRARI • EUGÊNIO ROSA DE ARAÚJO • FÁBIO ZAMBITTE IBRAHIM
FERNANDA PONTES PIMENTEL • IZEQUIAS ESTEVAM DOS SANTOS
MARCELO LEONARDO TAVARES • RENATO MONTEIRO DE AQUINO
ROGÉRIO GRECO • WILLIAM DOUGLAS

Editoração Eletrônica: Dos Autores
Capa: Wilson Cotrim
Revisão Ortográfica: Carmem Becker
Impressão e Encadernação: Vozes Editora e Gráfica Ltda.

T768d

O'Donnell, Jean Claude
    Administração pública em mapas mentais / Jean Claude O'Donnell, Thiago Strauss e Marcelo Leite. – Niterói, RJ : Impetus, 2016.
p. 124 ; 23 x 33 cm.

ISBN 978-85-7626-902-1

1. Serviço público – Brasil – Concursos. 2. Administração pública.
I. Strauss,Thiago II. Leite, Marcelo III. Título.

CDD – 351.81076

O autor é seu professor; respeite-o: não faça cópia ilegal.
TODOS OS DIREITOS RESERVADOS – É proibida a reprodução, salvo pequenos trechos, mencionando-se a fonte. A violação dos direitos autorais (Lei nº 9.610/98) é crime (art. 184 do Código Penal). Depósito legal na Biblioteca Nacional, conforme Decreto nº 1.825, de 20/12/1907.

A Editora Impetus informa que se responsabiliza pelos defeitos gráficos da obra. Quaisquer vícios do produto concernentes aos conceitos doutrinários, às concepções ideológicas, às referências, à originalidade e à atualização da obra são de total responsabilidade do autor/atualizador.

www.impetus.com.br

Dedicatória

*Dedico esta obra
A S<small>ABRINA</small> e A<small>NA</small>, minhas filhas, meu tesouro.
Aos valiosos amigos M<small>ARCELO</small> L<small>EITE</small> e
T<small>HIAGO</small> S<small>TRAUSS</small>.*
Jean Claude

*Aos meus pais, A<small>LCIDES</small> e M<small>ARIA DE</small> L<small>OURDES</small>,
com a minha infinita gratidão a quem sempre
me incentivou nos estudos e ofereceu conforto
físico e emocional para o alcance
dos meus objetivos.
Ao amigo V<small>ICENTE</small> P<small>AULO</small>, pelas oportunidades
oferecidas e pelo reconhecimento que
as obras de sua vida já impactaram,
e muito, na minha vida.*
Marcelo Leite

*À minha mãe, F<small>ERNANDA</small>, pessoa que dedicou
sua vida à minha educação, e a
quem eu sou eternamente grato.
Aos meus filhos, M<small>ARCELO</small> e V<small>ÍTOR</small>, fontes
maiores da minha inspiração.
À minha esposa, M<small>AIRA</small>, que, sempre a meu
lado, demonstrou compreensão nos
momentos em que estive ausente.*
Thiago Strauss

Os Autores

Jean Claude O'Donnell é Auditor Federal de Controle Externo do Tribunal de Contas da União, formado em Administração de Empresas pela Universidade de Brasília e em Direito pelo Instituto de Ensino Superior de Brasília (Iesb), com pós-graduação em gestão pública pela FEA/USP. Professor de Direito Constitucional em cursos preparatórios para concursos públicos. Foi também Taquígrafo do Tribunal Superior do Trabalho, Analista de Mercado do Banco do Brasil e Analista de Finanças e Controle da Controladoria-Geral da União.

Thiago Strauss é Auditor Federal de Controle Externo do Tribunal de Contas da União, formado em Engenharia Mecânica pela Universidade de Brasília e professor de Direito Administrativo em cursos preparatórios para concursos públicos em Brasília. Foi também aprovado nos concursos para analista de finanças e controle da Controladoria Geral da União e especialista em financiamento e execução de programas e projetos educacionais do Fundo Nacional de Desenvolvimento da Educação.

Marcelo Leite é Analista Legislativo – Técnica Legislativa – da Câmara dos Deputados e Advogado. Formado em Direito pelo Centro Universitário de Brasília (UniCeub), Ciência da Computação pela Universidade de Brasília (UnB), e pós-graduado em Auditoria e Controle da Gestão Governamental e em Sistemas Orientados a Objetos. Exerceu o cargo de Auditor Federal de Controle Externo do Tribunal de Contas da União por 5 anos (2007-2012). Foi também aprovado nos concursos para Analista Legislativo – Técnica Legislativa – da Câmara dos Deputados (2012), Auditor Federal de Controle Externo do TCU (2007), Analista e Técnico de Controle Interno do Ministério Público Federal (2007) e técnico do Tribunal Regional Federal (2006).

Apresentação

Ouse fazer e o poder lhe será dado. É com esse espírito que, após a excelente receptividade obtida nos demais livros, resolvemos dar continuidade à série.

A ideia de adaptar a técnica de Mapas Mentais para concursos públicos surgiu quando, durante nossa preparação para o concurso do Tribunal de Contas da União, nos deparamos com a enorme quantidade de matérias cobradas e o vasto volume de informações a serem adquiridas. Naquela época, duas indagações fundamentais ocorreram: "Como aprender todo o conteúdo em um prazo razoável?" e "Como internalizar toda a matéria?". Criar mapas mentais foi a forma que encontramos para superar essa tarefa quase sobre-humana.

Os Mapas Mentais são esquemas que, elaborados na forma de organograma, abordam todo o conteúdo da disciplina exigido em concursos públicos. Por facilitarem a organização mental da matéria estudada, representam um meio eficaz para a assimilação e a memorização do conhecimento.

Dentre as inúmeras vantagens que os Mapas Mentais proporcionam, destacamos a possibilidade de **organizar todo o conteúdo das disciplinas de forma estruturada**, partindo do gênero para as espécies, dos títulos para os subtítulos. Dessa forma, **você obtém a visão global da matéria, partindo da visão geral para os detalhes**.

Os mapas proporcionam, ainda, uma **comparação** entre as características das espécies de mesmo gênero, algo muito cobrado em provas de concursos, e possibilitam o encadeamento e a associação de ideias. Essa forma de esquematização permite realçar os principais conceitos da matéria e suas correlações com os demais institutos, buscando reforçar a memória associativa.

Além disso, o uso dos Mapas Mentais faz com que utilizemos os dois hemisférios do cérebro, inclusive partes que não costumamos usar com frequência nos estudos, como as que cuidam de nossa memória espacial, visual, e da criatividade. **Isso faz com que as sinapses cerebrais sejam ainda mais fortalecidas**, consolidando a memória de longo prazo e multiplicando a capacidade de absorção.

Tendo em vista o enorme volume de matérias cobradas nos editais dos mais variados concursos públicos, percebemos que, para acessar esse vasto conhecimento na hora da prova, não é eficiente estudar de forma confusa e em muitos livros. A solução para aprender todo o conteúdo e, ao mesmo tempo, não esquecê-lo vem com a **repetição**, por meio da **revisão contínua e estruturada** da matéria.

Com os mapas, **você poderá revisar toda a disciplina em um período muito mais curto do que se você fosse fazê-lo por meio de um livro ou mesmo de um texto-resumo**. Tal possibilidade é essencial para as últimas semanas que antecedem a prova, pois permitirá rever todo o conteúdo do edital em apenas alguns dias.

Ouse, arrisque e faça acontecer! Desejamos a todos vocês **MUITO SUCESSO** nessa jornada de preparação para concurso público, que é bastante trabalhosa, **mas também, ao fim, EXTREMAMENTE GRATIFICANTE!**

Um grande abraço e bons estudos!
Thiago Strauss, Jean Claude e Marcelo Leite

"Se você pensa que pode ou sonha que pode, comece.
Ousadia tem genialidade, poder e mágica.
<u>Ouse fazer e o poder lhe será dado.</u>"
(Goethe)

Sumário

1 Administração Pública..3
  Teoria Geral do Estado – Estado e Poderes 5
  Administração Pública em Sentido Amplo – Governo e Administração Pública
  em Sentido Estrito 6
  Administração Pública em Sentido Estrito..7
  Centralização, Descentralização e Desconcentração 8
  Entidades em Espécie...9
  Princípios Administrativos 11
  Controle da Administração Pública 13
  Convergências e Divergências entre Gestão Pública e Privada 15

2 Modelos Teóricos de Administração Pública 17
  Modelo Patrimonialista..19
  Modelo Burocrático..21
  Modelo Gerencial 24

3 Evolução da Administração Pública no Brasil 27
  Estado Patrimonialista...29
  Estado Burocrático...30
  Plano Diretor da Reforma do Aparelho do Estado (PDRAE)............................34
  Governo Lula 38
  Mudanças Institucionais..39

4 Gestão Estratégica e Novas Tecnologias Gerenciais 43
  Gestão Estratégica...45
  Novas Tecnologias Gerenciais...46

5 Gestão por Resultados...51
  Introdução 53
  Avaliação de Desempenho 54

6 Gestão da Qualidade na Administração Pública.................................55
  Noções Gerais 57
  Programa Nacional de Desburocratrização..57
  Programa Brasileiro de Qualidade e Produtividade (PBQP) 57
  Programa de Qualidade e Participação da Administração Pública (QPAP) ...58
  Programa de Qualidade no Serviço Público (PQSP) 58
  GesPública 59
  Modelo de Excelência em Gestão Pública 60

7 Empreendedorismo Governamental 63
  Gestão Pública Empreendedora..65
  Novas Lideranças no Setor Público...66
  Processos Participativos de Gestão Pública 67

8 Governabilidade, Governança e *Accountability* 69
Governabilidade e Governança 71
Intermediação de Interesses – Clientelismo 72
Intermediação de Interesses – Corporativismo 73
Accountability 74

9 Governo Eletrônico e Transparência 75
Noções Gerais, Conceito e Evolução 77
Princípios e Diretrizes 78
Objetivos 78
Campos de Aplicação 78
Portais do Governo na Internet 79
Transparência da Administração Pública 80

10 Comunicação na Gestão Pública 83
Noções de Comunicação 85
Comunicação Organizacional 86
Comunicação Governamental 88

11 Gestão de Redes Organizacionais 89
Origens 91
Características 91
Redes Intraorganizacionais 91
Redes Interorganizacionais 92
Redes em Políticas Públicas 92

12 Gestão de pessoas 93
Noções Gerais e Processos de Gestão 95
Cultura e Clima Organizacional 96
Gestão por Competências 97
Gestão por Competências do Poder Executivo Federal 98
Avaliação de Desempenho 99

13 Políticas Públicas 101
Formação da Agenda 103
Formulação 104
Implementação 107
Avaliação 108
Avaliação x Monitoramento 110

Bibliografia 111

VISÃO GERAL - ADMINISTRAÇÃO PÚBLICA

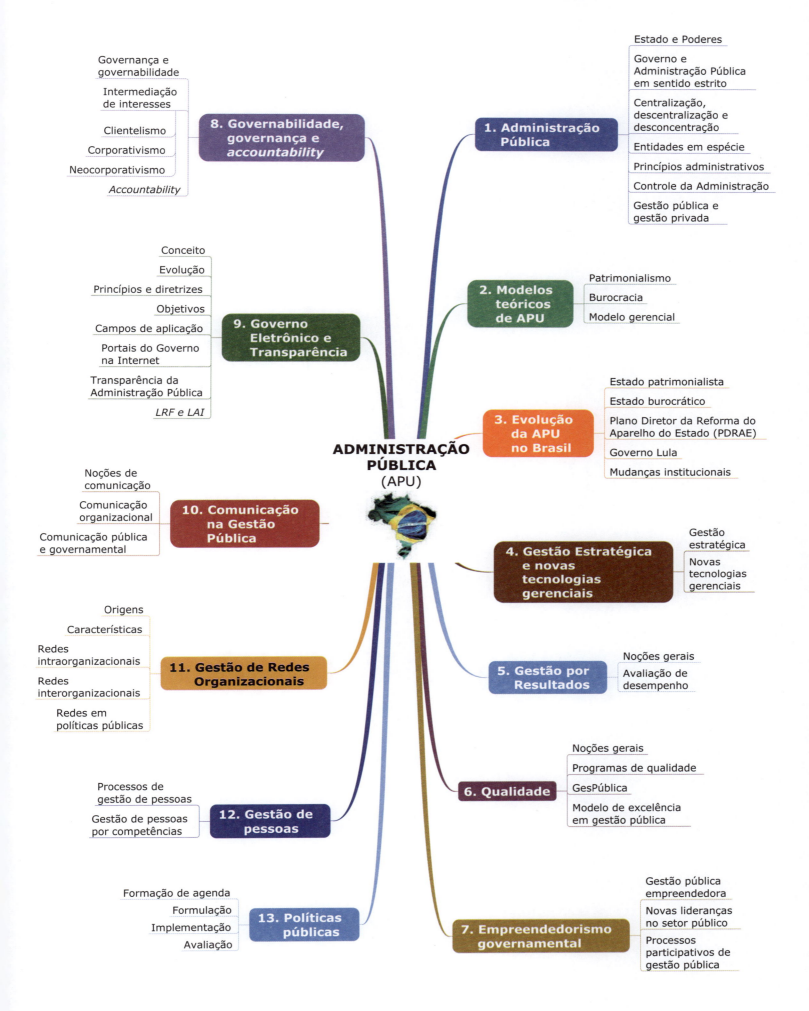

Capítulo 1

Administração Pública

ADMINISTRAÇÃO PÚBLICA - ESTADO E PODERES

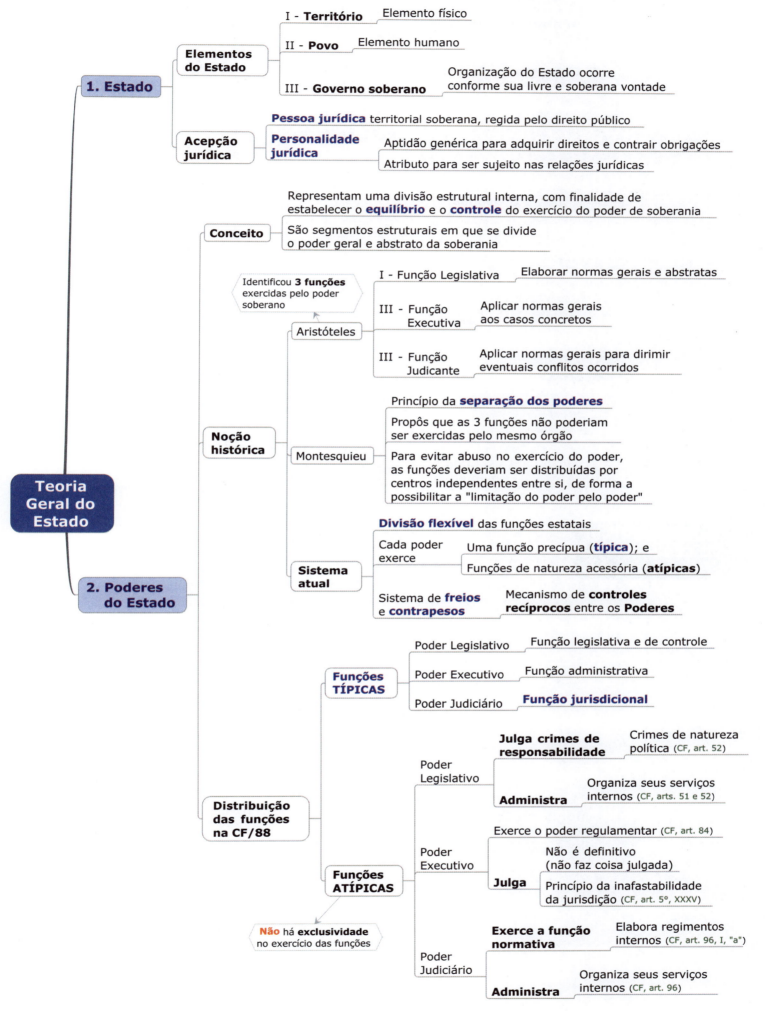

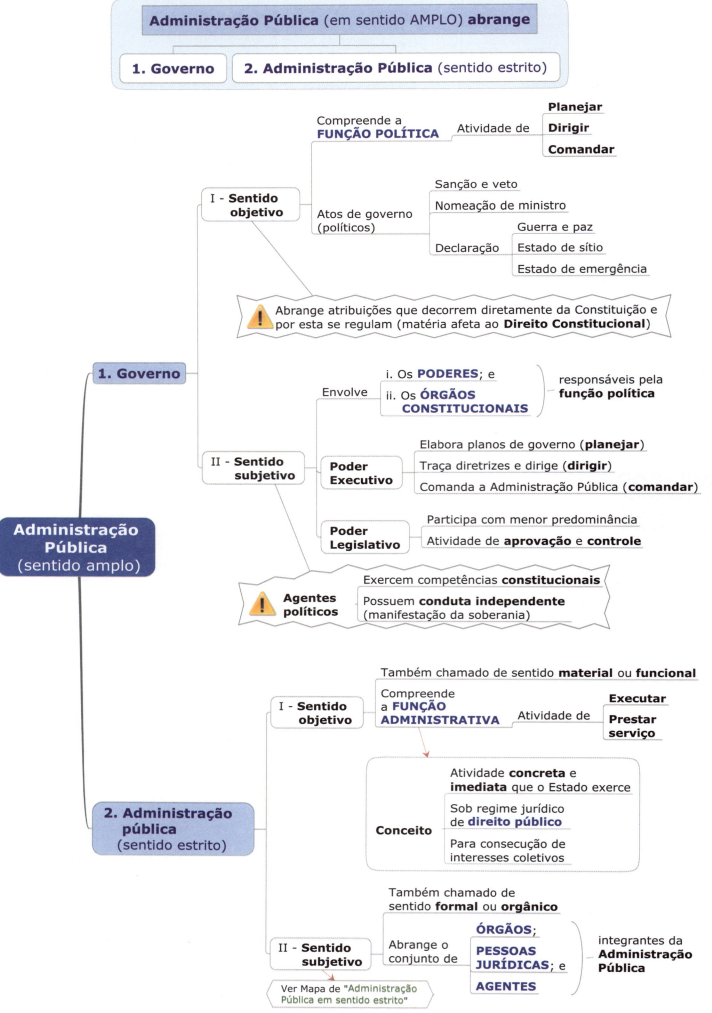

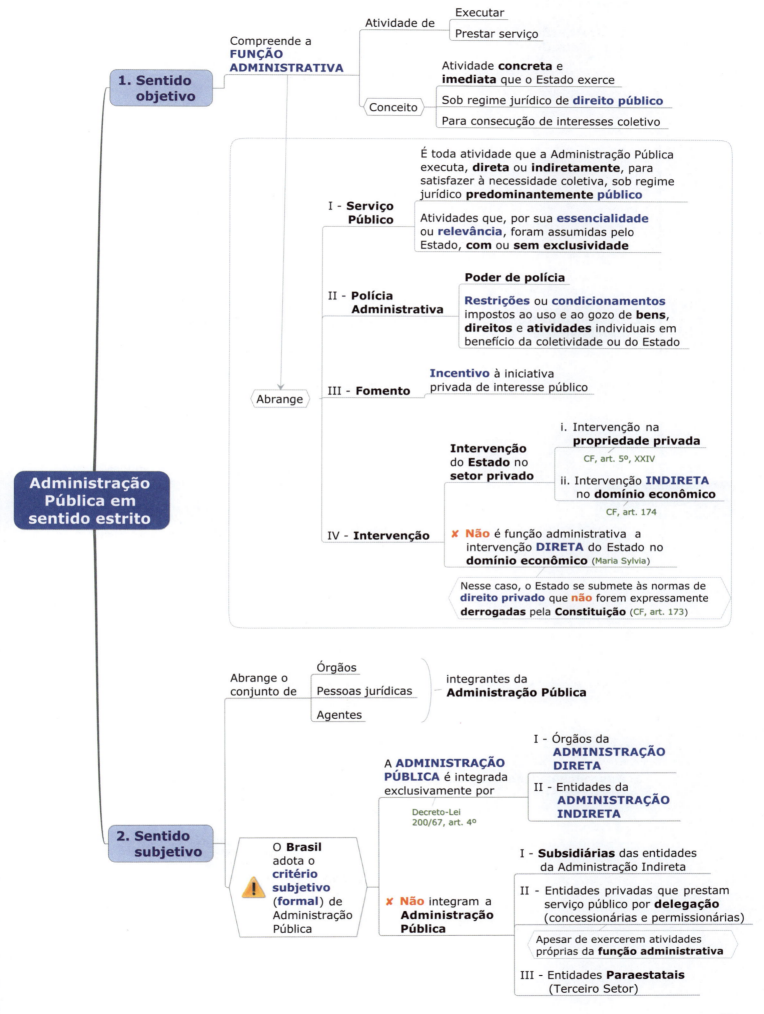

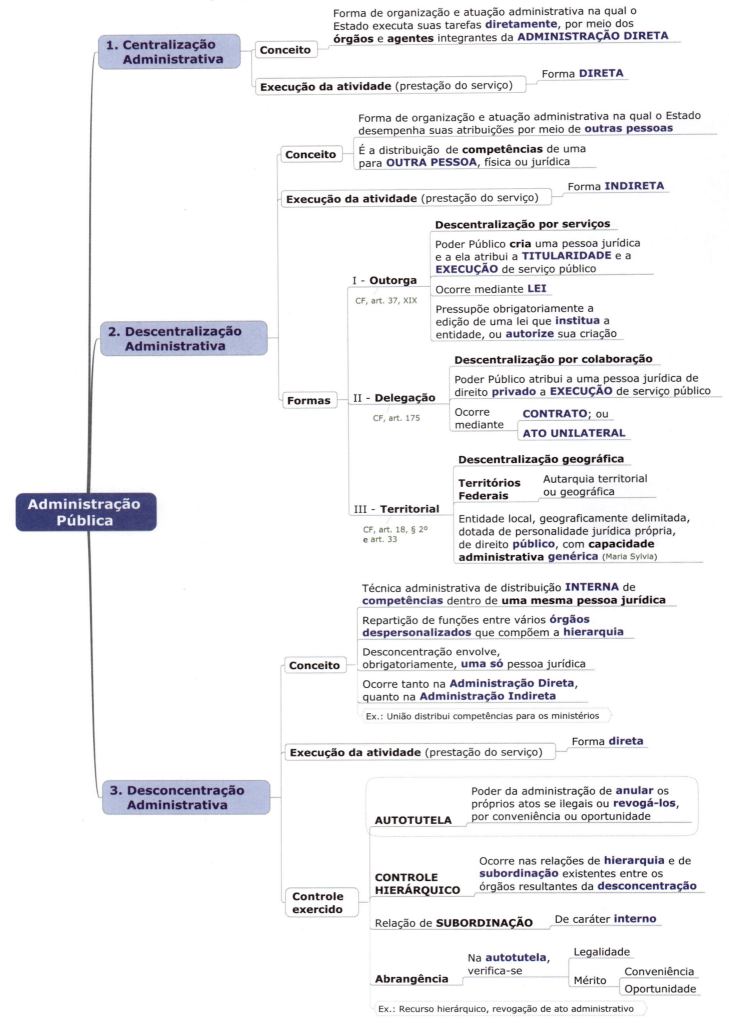

ADMINISTRAÇÃO PÚBLICA - ENTIDADES EM ESPÉCIE I

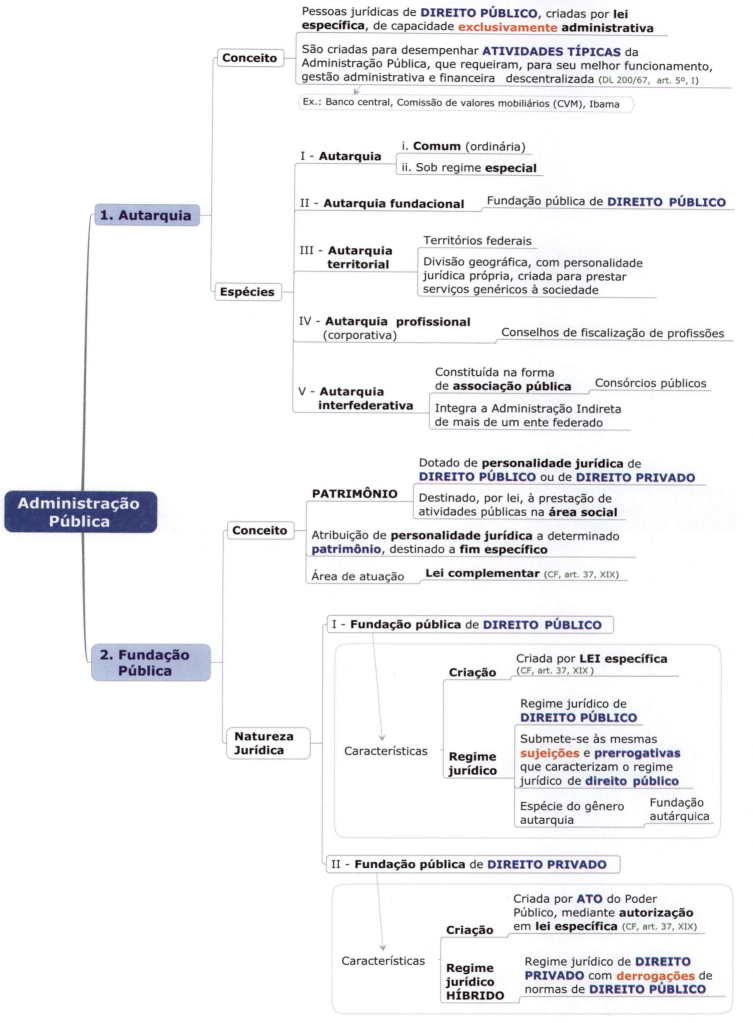

ADMINISTRAÇÃO PÚBLICA - ENTIDADES EM ESPÉCIE II

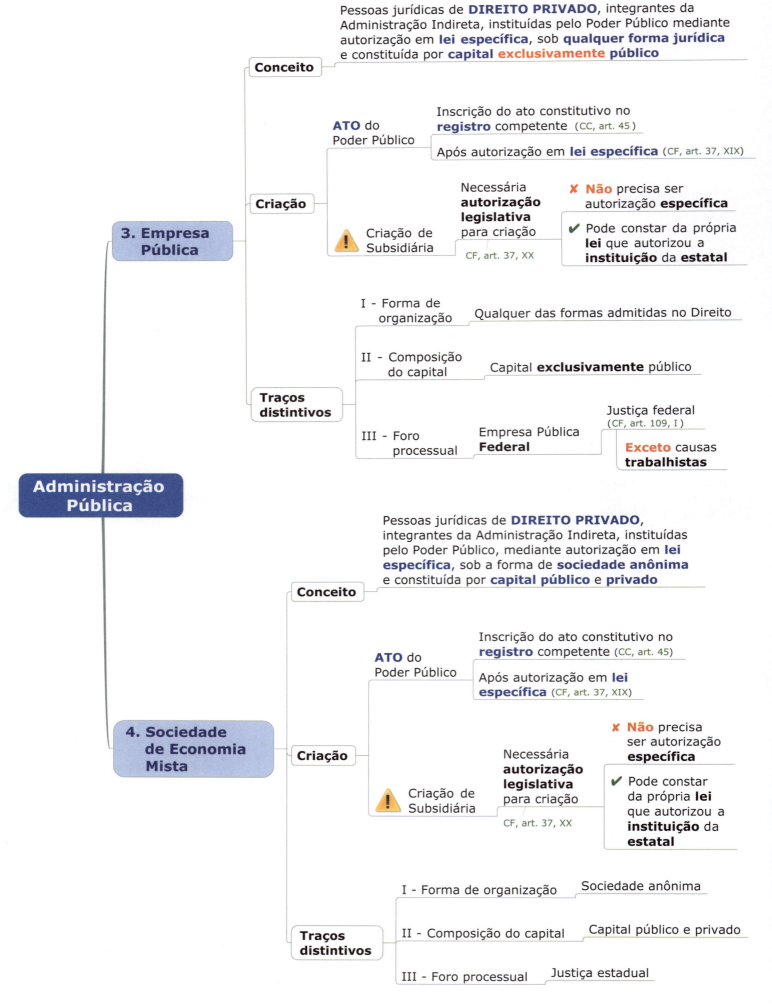

ADMINISTRAÇÃO PÚBLICA - PRINCÍPIOS ADMINISTRATIVOS I

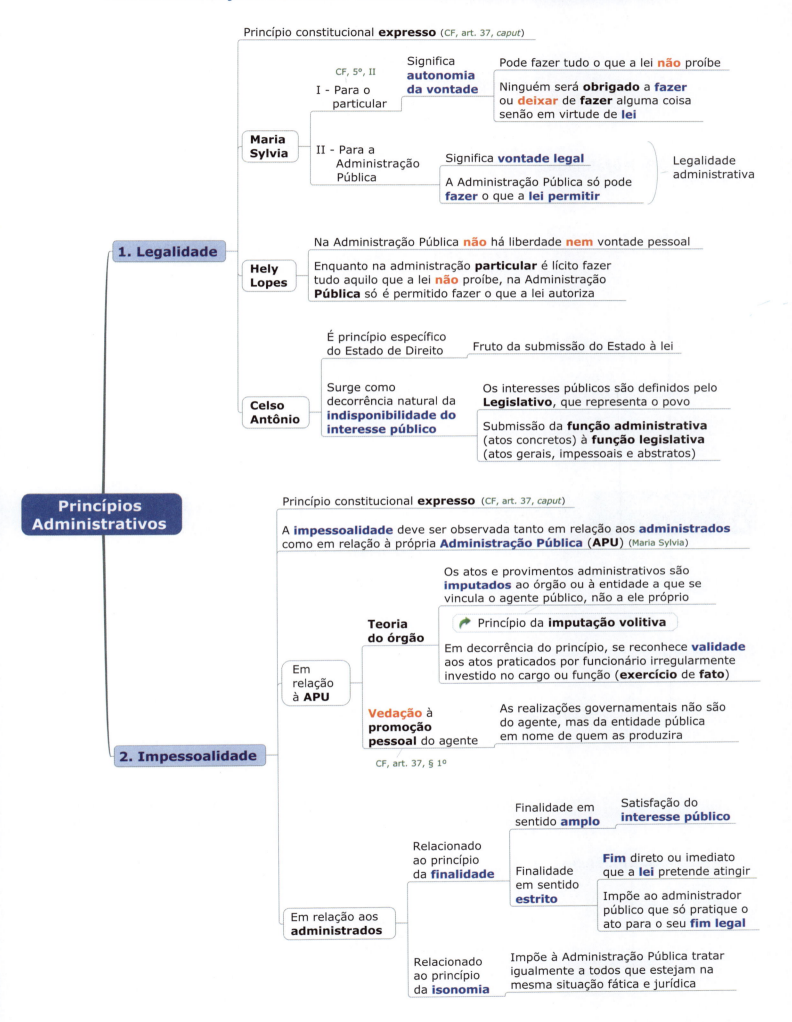

ADMINISTRAÇÃO PÚBLICA - PRINCÍPIOS ADMINISTRATIVOS II

CONTROLE DA ADMINISTRAÇÃO PÚBLICA I

Controle

1. Conceito

É o conjunto de instrumentos pelos quais a própria **Administração Pública**, os Poderes **Judiciário** e **Legislativo**, e ainda o **povo**, diretamente ou por meio de seus órgãos especializados, possam exercer o poder de **fiscalização**, **orientação** e **revisão** da atuação administrativa de todos os órgãos, entidades e agentes públicos, em todas as esferas do Poder

O controle da Administração Pública está embasado no princípio da **legalidade** (controle de **conformidade**) e, em algumas hipóteses, na **discricionariedade** administrativa (controle de **mérito**)

2. Controle conforme a origem

I - Interno
- Exercido no âmbito interno do **mesmo Poder**, por órgãos presentes em sua estrutura
- Dá-se sobre **legalidade**, **eficiência** e **mérito** dos seus atos (CF, art. 74)

II - Externo
- Exercido de **um Poder sobre outro**, relativamente a atos, contratos e outros instrumentos congêneres
  - Ex.: Auditoria realizada pelo TCU sobre despesas executadas pelo Poder Executivo
- Também é externo o controle da Administração Direta sobre a Indireta

III - Popular
- Trata-se da possibilidade de a coletividade fiscalizar a Administração Pública
  - Ex.: Proposição de ação popular (CF, art 5º, LXXIII)

3. Controle quanto ao aspecto controlado

I - Legalidade e legitimidade
- Verifica-se se o ato foi praticado em **conformidade** com a **ordem jurídica**
- Faz-se o confronto entre uma conduta administrativa e uma norma jurídica

➡ Resulta em declaração de
- i. Validade
- ii. Anulação
- iii. Convalidação

do ato controlado

II - Mérito
- Visa a verificar a **oportunidade** e a **conveniência** do ato
- Trata-se de atuação **discricionária**, exercida sobre atos **discricionários**
- Em regra, compete exclusivamente ao próprio Poder que editou o ato administrativo
- Resulta na **revogação**, pela Administração, de atos discricionários por ela própria editados
- Poder Judiciário exerce controle de **LEGALIDADE** e **LEGITIMIDADE** sobre os limites da atuação discricionária da Administração

✗ O Poder Judiciário **nunca** realiza **controle** de **mérito** de ato praticado por **outro Poder**

CONTROLE DA ADMINISTRAÇÃO PÚBLICA II

Controle

4. Controle quanto à amplitude

I - Hierárquico
- Decorre do escalonamento vertical de órgãos da mesma pessoa jurídica da Administração Pública
- É sempre um controle **interno**
- Relação de **SUBORDINAÇÃO** entre controlado e controlador
- Ex.: Ministérios exercem controle hierárquico sobre suas secretarias

II - Finalístico
- Exercido pela **Administração Direta** sobre as entidades da **Administração Indireta**
- Resulta da **descentralização administrativa**
- Relação de **VINCULAÇÃO** entre as pessoas
- Depende de **norma legal** que estabeleça meios e ocasiões de controle
- Também denominado **tutela** administrativa ou **supervisão ministerial**

5. Controle quanto ao órgão que o exerce

I - Administrativo
- É o controle **interno**, fundado no poder de **autotutela** (legalidade e mérito)
- Abrange aspectos de **legalidade** e de **mérito**
- É exercido de forma provocada ou por iniciativa própria (*ex officio*)
- A Administração pode **anular** seus próprios atos, quando eivados de vícios que os tornam ilegais ou **revogá-los**, por motivo de conveniência ou oportunidade, respeitados os direitos adquiridos

II - Legislativo ou Parlamentar
- Exercido sob os aspectos político e financeiro
- Meios:
  - i. CPI
  - ii. Convocação de autoridades e pedido de informação
  - iii. Participação na função administrativa
  - iv. Função jurisdicional
  - v. Fiscalização contábil, financeira e orçamentária
  - vi. Sustação de atos normativos

III - Judiciário
- Exercido pelo Judiciário sobre atos administrativos emanados de qualquer dos Poderes
- Verifica exclusivamente a **legalidade** ou **legitimidade** dos atos administrativos, **nunca** o **mérito**

6. Controle conforme o momento de exercício

I - Prévio
- Chama-se preventivo, prévio, ou *a priori*
- Ocorre quando é efetivado **antes** do início ou da conclusão do ato

II - Concomitante
- Controle **durante** a realização do ato
- Ex.: Auditoria durante a execução do orçamento

III - Posterior
- Chamado controle posterior, subsequente ou corretivo
- Ocorre **após** a finalização do ato
- Seu objetivo é desfazê-lo, se ilegal ou inconveniente e inoportuno, corrigi-lo ou, ainda, confirmá-lo

GESTÃO PÚBLICA VS. GESTÃO PRIVADA

Gestão Pública vs. Gestão Privada

1. Noções gerais

A **Administração Pública Gerencial** representa uma convergência entre a Administração **pública** e a **privada**

O governo **não pode** se transformar em uma **empresa privada** Mas pode aperfeiçoar suas **práticas gerenciais** e tornar-se **mais empresarial**

2. Diferenças

I - O administrador público deve seguir os **princípios da Administração Pública**
- O princípio da legalidade para o **particular** permite agir **livremente**, desde que **não viole proibição legal**
- O princípio da legalidade para o **setor público** só autoriza o gestor a agir **quando a lei permita**

II - A empresa privada busca o **lucro**, algo que, via de regra, **não faz parte** dos objetivos do gestor público
- Empresas públicas e sociedades de economia mista que explorem **atividade econômica** podem visar ao lucro

III - Na Administração Pública, o **cliente** é o **cidadão**

IV - A receita das empresas depende dos pagamentos feitos pelos clientes
- Receita do Estado deriva de impostos, taxas e contribuições compulsórios, sem contrapartida direta
- **Excepcionalmente** origina-se de receitas de exploração econômica

V - Enquanto o **mercado** controla a administração das empresas, a **sociedade**, por meio de políticos eleitos, controla a Administração Pública

VI - A **responsabilidade civil** do **Estado** é, via de regra, **objetiva**, enquanto a do **particular** é **subjetiva**

VII - O **governo** existe para servir aos **interesses gerais** da sociedade, ao passo que a **empresa privada** serve aos interesses dos **proprietários** (controladores e acionistas)

3. Convergências

I - Os **princípios de administração** aplicam-se a ambos os tipos de gestão

II - As diferenças entre público e privado estão se reduzindo notavelmente

III - Tanto o setor público quanto as empresas privadas são estimuladas cada vez mais a exercer sua **responsabilidade socioambiental**

IV - Busca pela **eficiência**, **eficácia** e **efetividade** (Cespe)

V - Na concepção gerencial, o cidadão deve ser tão bem tratado quanto o cliente de uma empresa

4. Gestão pública e privada

Gestão Pública
- Serve aos **interesses gerais** da sociedade
- Sua eficiência é medida pela **qualidade** e **intensidade** com que realiza seus **propósitos públicos**
- Em diversos casos, o setor público trabalha com **regime** de **monopólio**
- A autoridade do governo é sancionada pelo **monopólio da violência**
- Não utiliza estratégias diferenciadas para clientes preferenciais mas para **populações** e **grupos** com **necessidades diversas**

Gestão Privada
- Serve aos interesses de um indivíduo ou grupo
- Sua eficiência se mede pelo **aumento** de suas **receitas** e **redução** de seus **gastos** — Aumento na **margem do lucro**
- Trabalha em **regime** de **competição**
- Utiliza estratégias de **segmentação de mercado** e tratamento diferenciado para **clientes preferenciais** (Cespe)

15

Capítulo 2

Modelos Teóricos de APU

MODELOS TEÓRICOS DE APU - PATRIMONIALISMO I

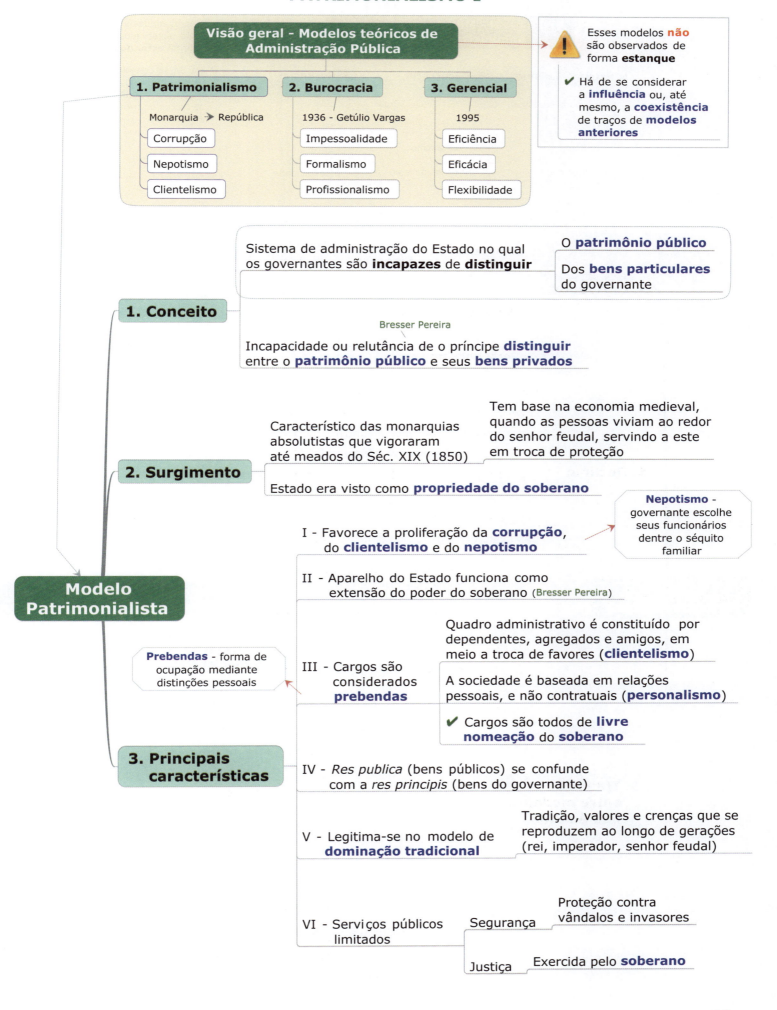

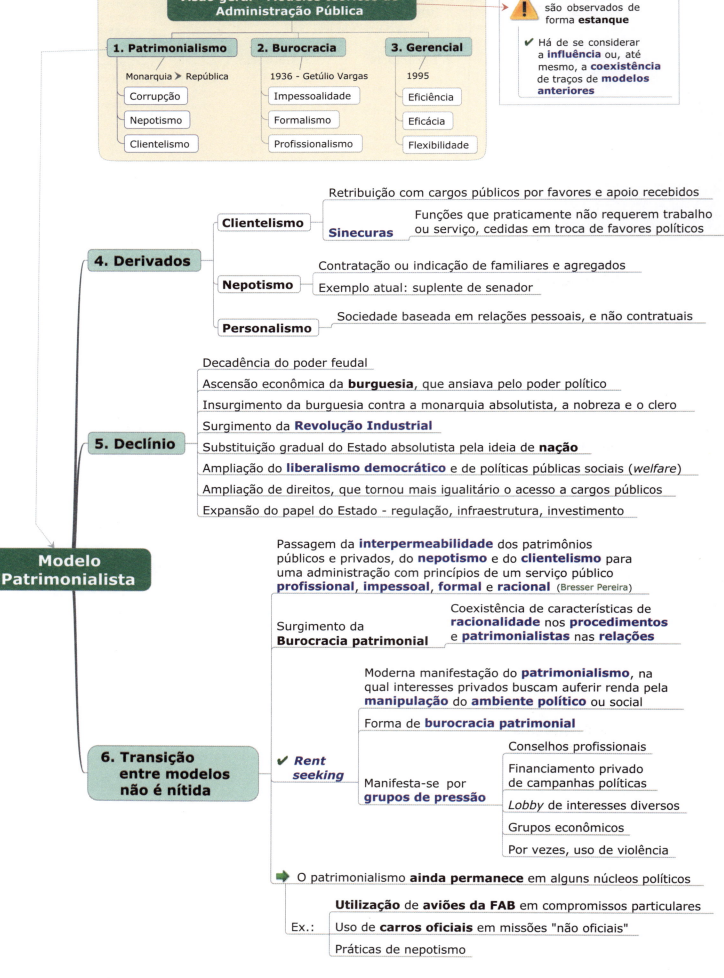

MODELOS TEÓRICOS DE APU - BUROCRACIA I

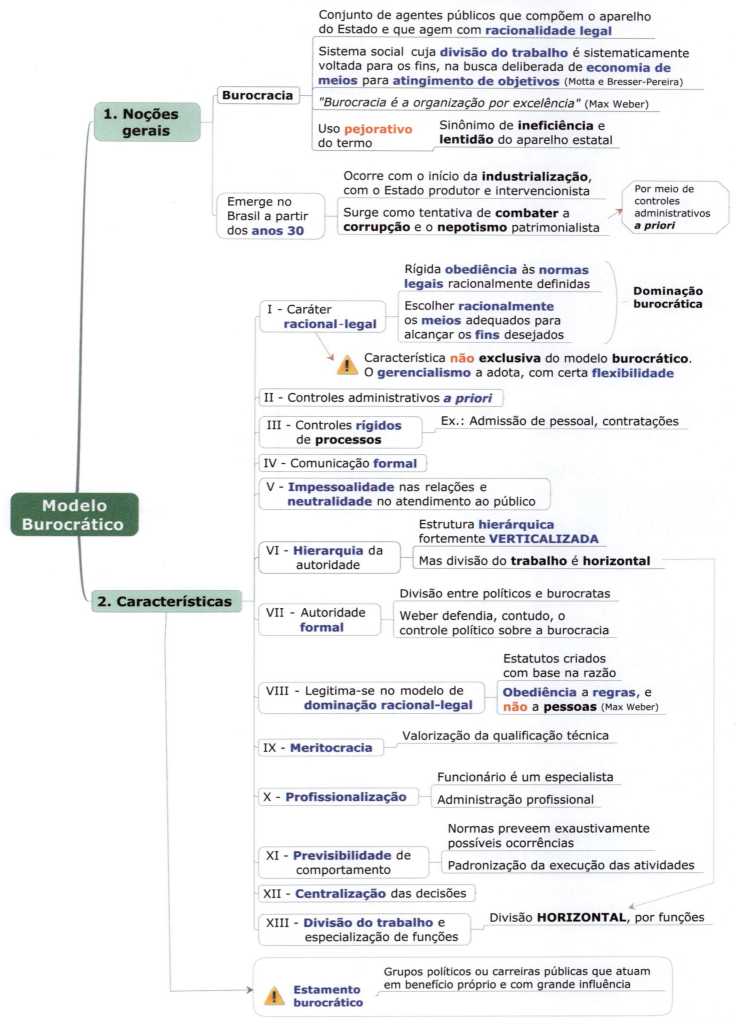

MODELOS TEÓRICOS DE APU - BUROCRACIA II

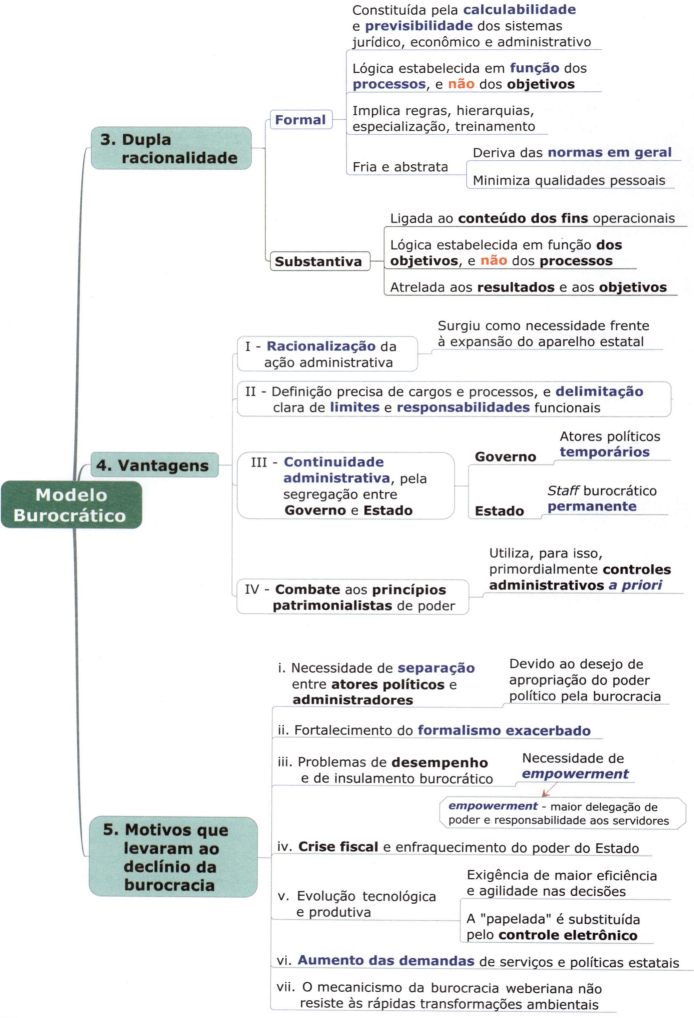

MODELOS TEÓRICOS DE APU - BUROCRACIA III

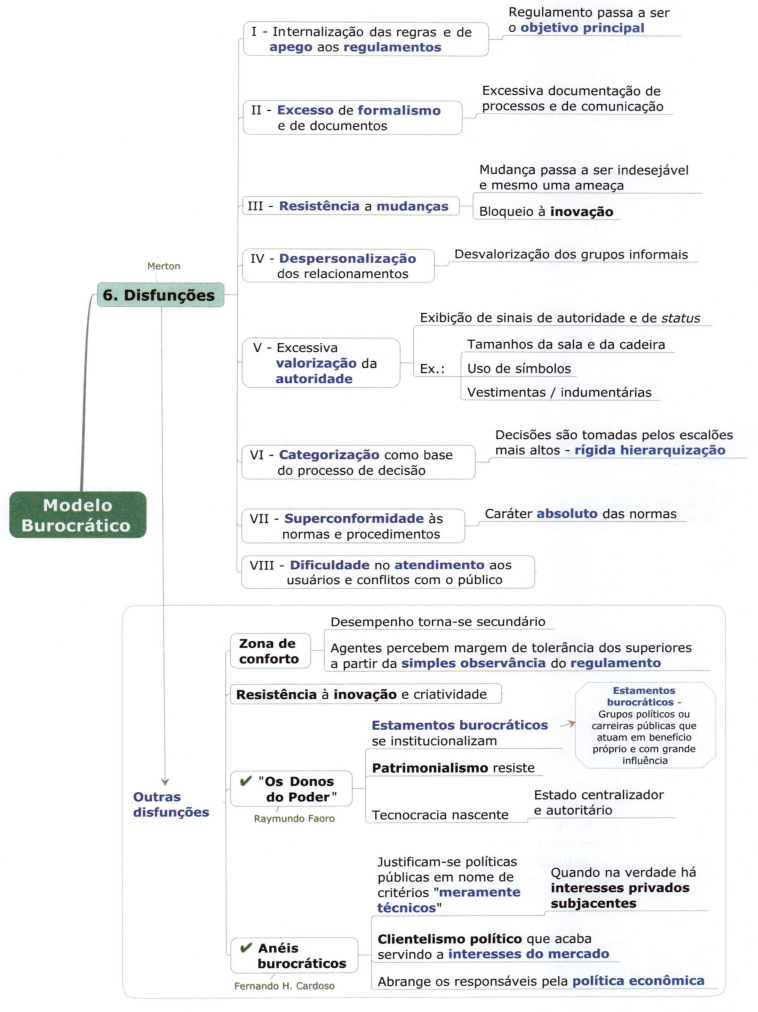

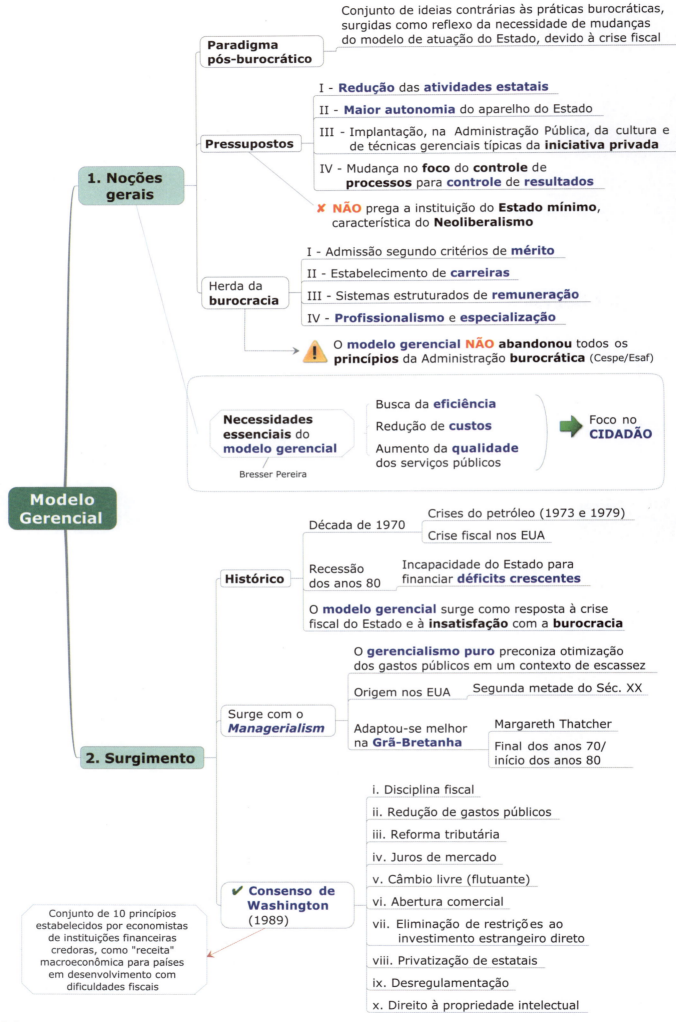

MODELOS TEÓRICOS DE APU - MODELO GERENCIAL II

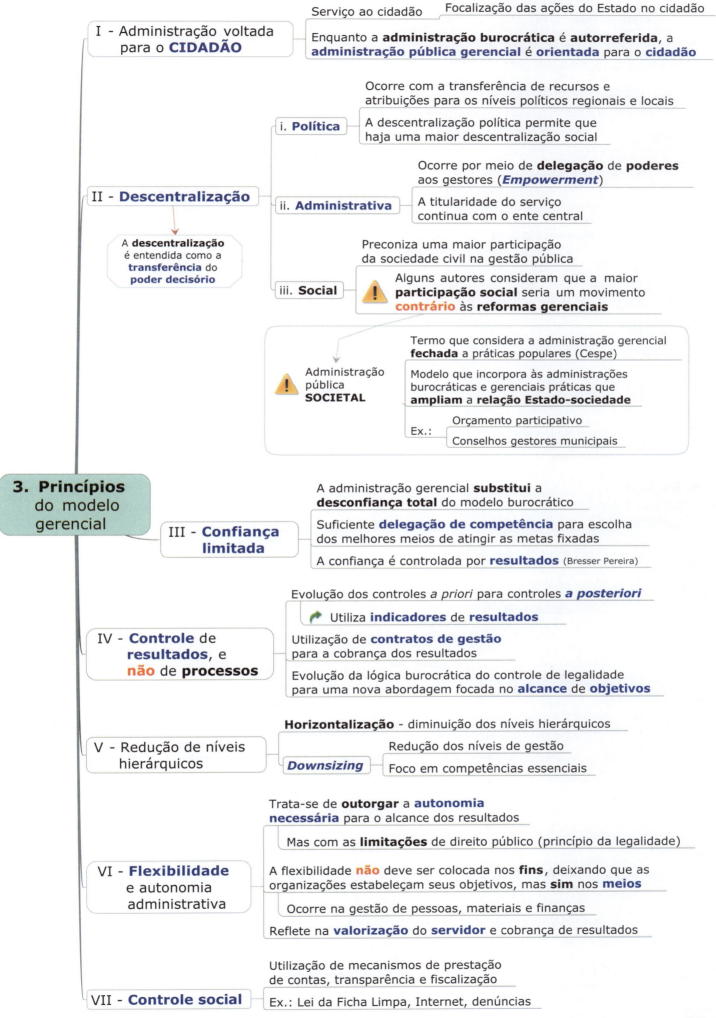

3. Princípios do modelo gerencial

I - Administração voltada para o CIDADÃO
- Serviço ao cidadão — Focalização das ações do Estado no cidadão
- Enquanto a **administração burocrática** é **autorreferida**, a **administração pública gerencial** é **orientada** para o **cidadão**

II - Descentralização

A **descentralização** é entendida como a **transferência** do **poder decisório**

- **i. Política**
  - Ocorre com a transferência de recursos e atribuições para os níveis políticos regionais e locais
  - A descentralização política permite que haja uma maior descentralização social
- **ii. Administrativa**
  - Ocorre por meio de **delegação** de **poderes** aos gestores (*Empowerment*)
  - A titularidade do serviço continua com o ente central
- **iii. Social**
  - Preconiza uma maior participação da sociedade civil na gestão pública
  - ⚠ Alguns autores consideram que a maior **participação social** seria um movimento **contrário** às **reformas gerenciais**

⚠ Administração pública **SOCIETAL**
- Termo que considera a administração gerencial **fechada** a práticas populares (Cespe)
- Modelo que incorpora às administrações burocráticas e gerenciais práticas que **ampliam** a **relação Estado-sociedade**
- Ex.: Orçamento participativo / Conselhos gestores municipais

III - Confiança limitada
- A administração gerencial **substitui** a **desconfiança total** do modelo burocrático
- Suficiente **delegação de competência** para escolha dos melhores meios de atingir as metas fixadas
- A confiança é controlada por **resultados** (Bresser Pereira)

IV - Controle de resultados, e não de processos
- Evolução dos controles *a priori* para controles *a posteriori*
  - ➤ Utiliza **indicadores** de **resultados**
- Utilização de **contratos de gestão** para a cobrança dos resultados
- Evolução da lógica burocrática do controle de legalidade para uma nova abordagem focada no **alcance** de **objetivos**

V - Redução de níveis hierárquicos
- **Horizontalização** - diminuição dos níveis hierárquicos
- *Downsizing*
  - Redução dos níveis de gestão
  - Foco em competências essenciais

VI - Flexibilidade e autonomia administrativa
- Trata-se de **outorgar** a **autonomia necessária** para o alcance dos resultados
  - Mas com as **limitações** de direito público (princípio da legalidade)
- A flexibilidade **não** deve ser colocada nos **fins**, deixando que as organizações estabeleçam seus objetivos, mas **sim** nos **meios**
- Ocorre na gestão de pessoas, materiais e finanças
- Reflete na **valorização** do **servidor** e cobrança de resultados

VII - Controle social
- Utilização de mecanismos de prestação de contas, transparência e fiscalização
- Ex.: Lei da Ficha Limpa, Internet, denúncias

25

MODELOS TEÓRICOS DE APU - MODELO GERENCIAL III

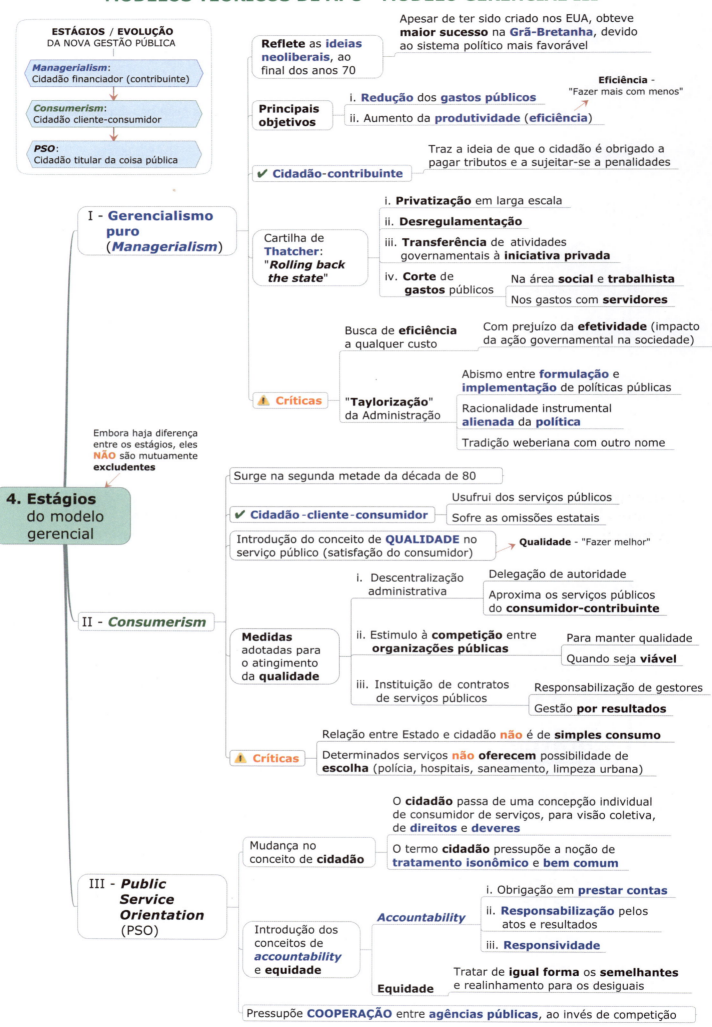

26

Capítulo 3

Evolução da APU no Brasil

EVOLUÇÃO DA APU NO BRASIL - ESTADO PATRIMONIALISTA

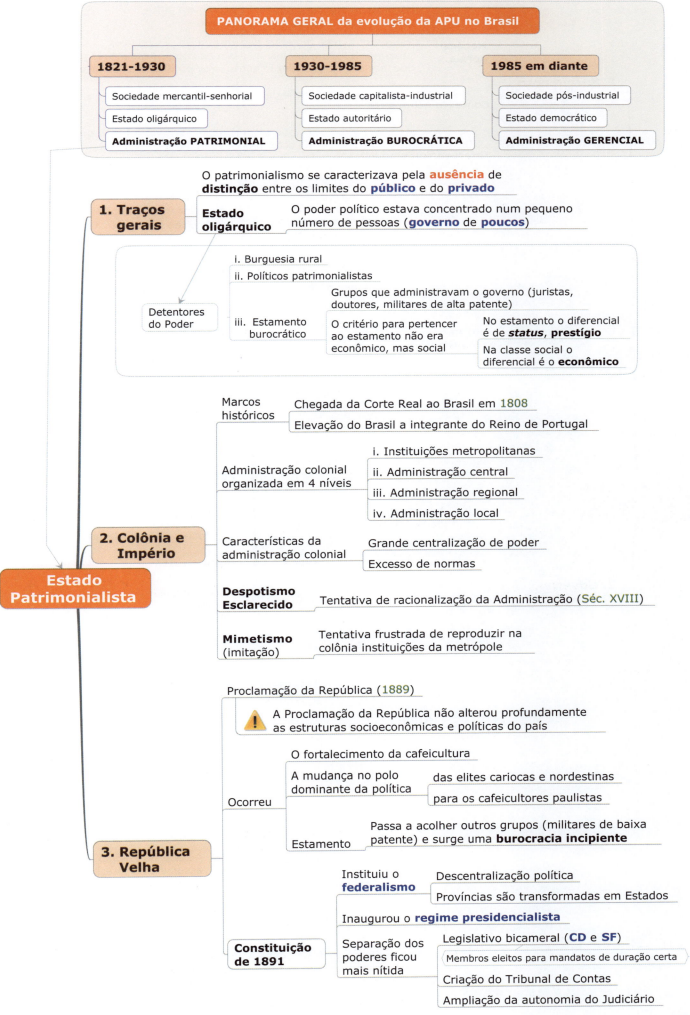

PANORAMA GERAL da evolução da APU no Brasil

1821-1930
- Sociedade mercantil-senhorial
- Estado oligárquico
- Administração PATRIMONIAL

1930-1985
- Sociedade capitalista-industrial
- Estado autoritário
- Administração BUROCRÁTICA

1985 em diante
- Sociedade pós-industrial
- Estado democrático
- Administração GERENCIAL

Estado Patrimonialista

1. Traços gerais
O patrimonialismo se caracterizava pela **ausência** de **distinção** entre os limites do **público** e do **privado**

Estado oligárquico: O poder político estava concentrado num pequeno número de pessoas (**governo** de **poucos**)

Detentores do Poder:
- i. Burguesia rural
- ii. Políticos patrimonialistas
- iii. Estamento burocrático
  - Grupos que administravam o governo (juristas, doutores, militares de alta patente)
  - O critério para pertencer ao estamento não era econômico, mas social
    - No estamento o diferencial é de *status*, prestígio
    - Na classe social o diferencial é o **econômico**

2. Colônia e Império

Marcos históricos
- Chegada da Corte Real ao Brasil em 1808
- Elevação do Brasil a integrante do Reino de Portugal

Administração colonial organizada em 4 níveis
- i. Instituições metropolitanas
- ii. Administração central
- iii. Administração regional
- iv. Administração local

Características da administração colonial
- Grande centralização de poder
- Excesso de normas

Despotismo Esclarecido: Tentativa de racionalização da Administração (Séc. XVIII)

Mimetismo (imitação): Tentativa frustrada de reproduzir na colônia instituições da metrópole

3. República Velha

Proclamação da República (1889)

⚠ A Proclamação da República não alterou profundamente as estruturas socioeconômicas e políticas do país

Ocorreu
- O fortalecimento da cafeicultura
- A mudança no polo dominante da política
  - das elites cariocas e nordestinas
  - para os cafeicultores paulistas
- Estamento: Passa a acolher outros grupos (militares de baixa patente) e surge uma **burocracia incipiente**

Constituição de 1891
- Instituiu o **federalismo**
  - Descentralização política
  - Províncias são transformadas em Estados
- Inaugurou o **regime presidencialista**
- Separação dos poderes ficou mais nítida
  - Legislativo bicameral (**CD** e **SF**)
    - Membros eleitos para mandatos de duração certa
  - Criação do Tribunal de Contas
  - Ampliação da autonomia do Judiciário

29

EVOLUÇÃO DA APU NO BRASIL - ESTADO BUROCRÁTICO I

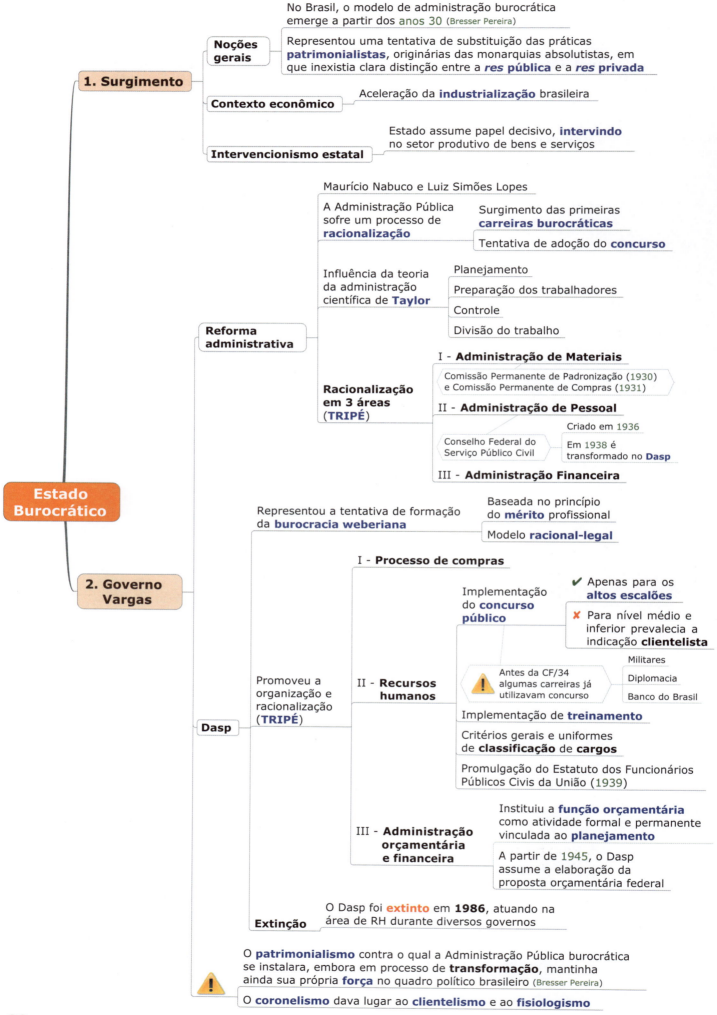

EVOLUÇÃO DA APU NO BRASIL - ESTADO BUROCRÁTICO II

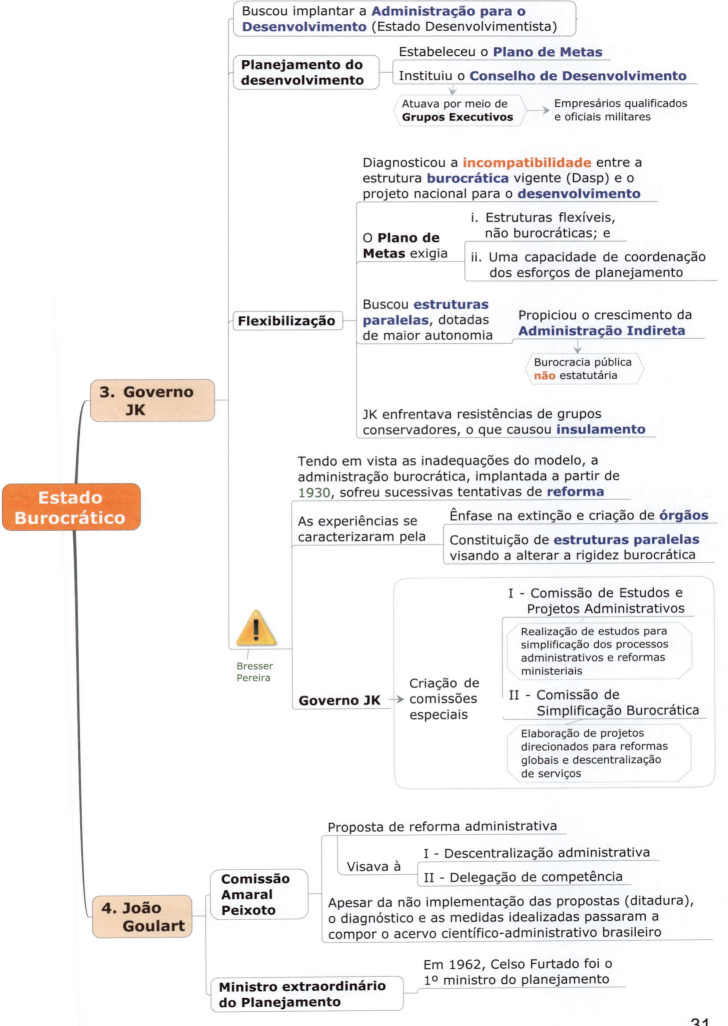

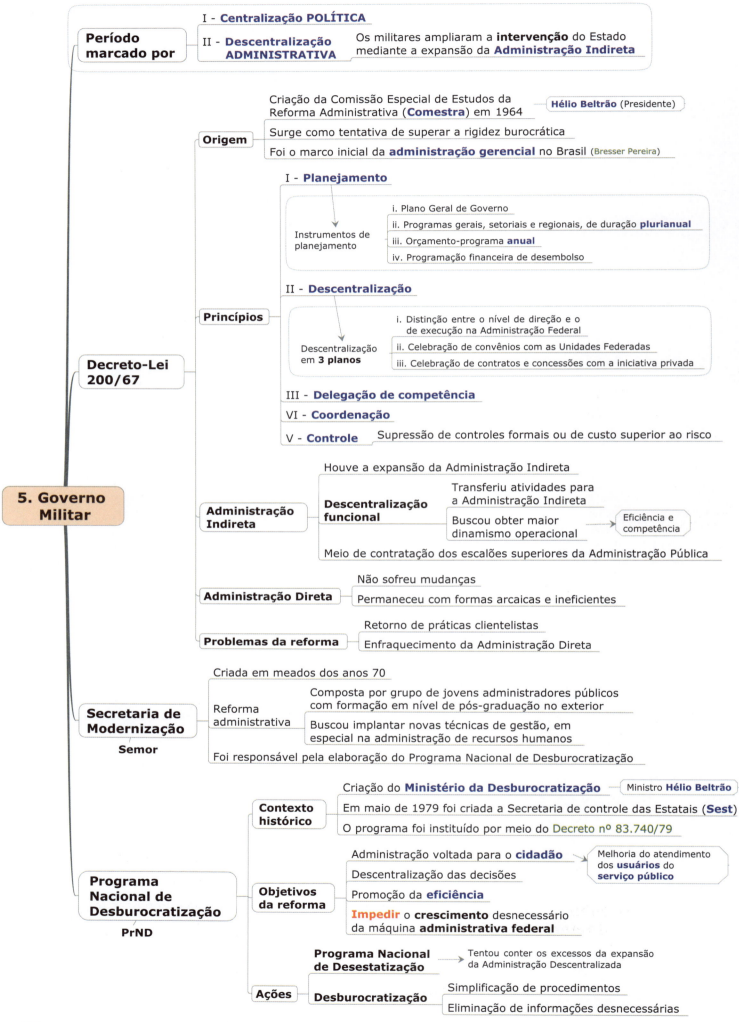

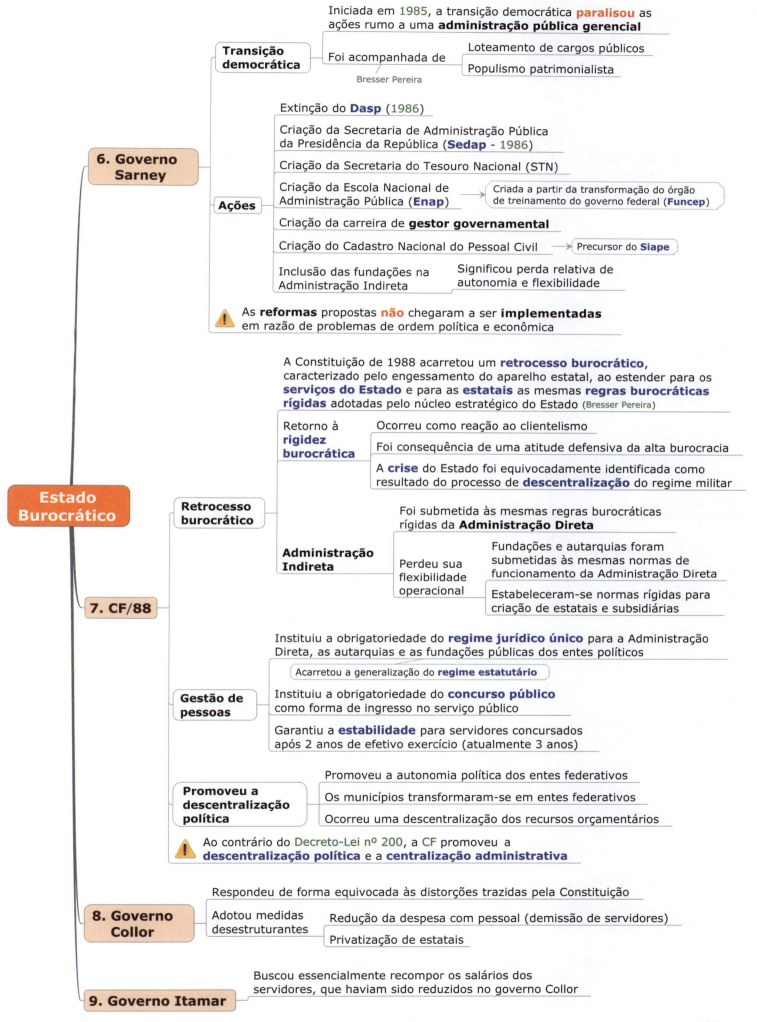

PLANO DIRETOR DA REFORMA DO APARELHO DO ESTADO I

O Plano Diretor da Reforma do Aparelho do Estado (**PDRAE**) foi elaborado em 1995, durante o governo FHC, por **Bresser Pereira** *(Ministro da Administração Federal e Reforma do Estado)*

PDRAE

1. Noções iniciais

- O momento era de **crise** do Estado, atribuída ao modelo de **desenvolvimento** dos governos anteriores
- O Estado havia se desviado de suas funções básicas para ampliar sua **intervenção** no setor produtivo
  - **Consequências**:
    - Deterioração dos serviços públicos
    - Agravamento da crise fiscal
    - Inflação

⚠ Enquanto nos anos 20/30 a crise econômica foi causada pelo mau funcionamento do **mercado**, nos anos 80/90 foi causada pelo mau funcionamento do **Estado**

Caracterizada por:
- **I - Crise fiscal**
  - Crescente perda de crédito por parte do Estado
  - Poupança pública torna-se negativa
- **II - Esgotamento da estratégia estatizante de intervenção estatal**
- **III - Superação da forma de administrar o Estado**
  - Superação da Administração Pública **burocrática**

2. Reformas

PDRAE = Plano Diretor da Reforma do Aparelho do Estado

Tinham por **objetivo** a estabilização econômica e o crescimento sustentável da economia

Reforma do ESTADO

Proposta — Relativa à **redefinição** do **papel do Estado**
- ✗ O Estado deveria **deixar** de ser o **responsável direto** pelo **desenvolvimento** econômico e social (**produção de bens e serviços**)
- ✓ Para se fortalecer na função de **promotor** e **regulador** desse desenvolvimento

Ações:
- **I - Privatização**: Transferência para o **setor privado** de atividades que pudessem ser controladas pelo mercado
- **II - Publicização**: Descentralização para o **setor público não estatal** dos serviços que **não** envolvessem o exercício do **poder de Estado**, mas devessem ser **subsidiados** por ele
  - Educação, saúde, cultura e ciência, p. ex.

Reforma do APARELHO do Estado

Relativa à **Administração Pública** em sentido amplo

Estrutura organizacional do Estado:
- Nos 3 Poderes:
  - Executivo
  - Legislativo
  - Judiciário
- Nos 3 níveis federativos:
  - União
  - Estados-membros
  - Municípios

Buscou a transição entre Administração Pública:
- **Burocrática** — Rígida e ineficiente
- **Gerencial** — Flexível e eficiente

⚠ **Não** confundir a reforma do **Estado** com a reforma do **aparelho do Estado**

- **Reforma do Estado**:
  - Projeto **amplo**
  - Relativo às áreas do governo e ao conjunto da sociedade brasileira
- **Reforma do aparelho do Estado**:
  - Escopo mais **restrito**
  - Referente à reforma da **Administração Pública**

34

PLANO DIRETOR DA REFORMA DO APARELHO DO ESTADO II

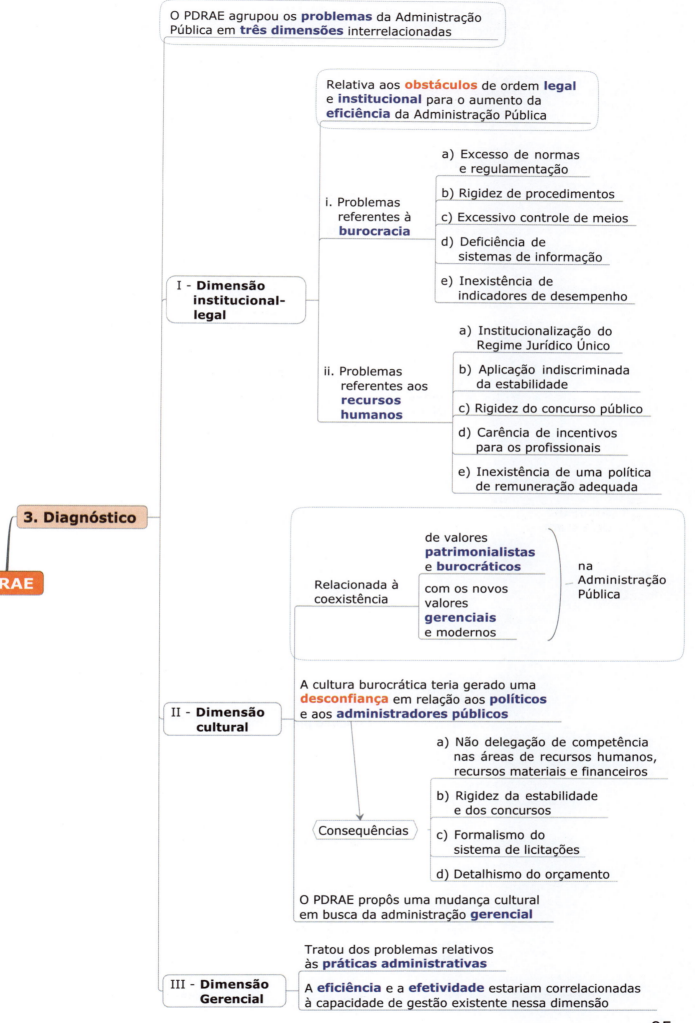

PLANO DIRETOR DA REFORMA DO APARELHO DO ESTADO III

O PDRAE identificou **4 setores** de atuação estatal para os quais indicou o **princípio** que deveria prevalecer e propôs o **tipo de gestão** e o **tipo de propriedade** mais adequados

4. Aparelho do Estado (PDRAE)

I - Núcleo estratégico
- Corresponde ao **governo** em sentido amplo
- Setor que define as leis, as políticas públicas e as estratégias de governo
- Constituído pela cúpula dos três Poderes e pelo Ministério Público
- **Princípio predominante**: Efetividade — Referente à capacidade de **obedecer** e **implementar** as **decisões**
- **Tipo de gestão**: Misto de administração **burocrática** e **gerencial**
- **Tipo de propriedade**: Estatal

II - Atividades exclusivas
- Setor em que são prestados os serviços que **só** o **Estado** pode realizar
- Serviços que envolvem:
  - i. **Poder extroverso** — Poder do Estado de constituir **unilateralmente obrigações** para terceiros
  - ii. **Poder regulamentar**
  - iii. **Fiscalização**
  - iv. **Fomento**
- **Princípio predominante**: Eficiência — Referente à busca de uma relação ótima entre a **qualidade** e o **custo** dos serviços
- **Tipo de gestão**: Administração Gerencial
- **Tipo de propriedade**: Estatal

III - Serviços não exclusivos
- Setor em que o **Estado** atua junto com **Organizações públicas não estatais**; e **Organizações privadas**
- Serviços que envolvem:
  - i. **Direitos humanos fundamentais** (Educação e saúde p. ex.)
  - ii. **Economias externas relevantes** — Produzem ganhos não apropriados pelo mercado, mas beneficiam a sociedade (Hospitais e universidades, p. ex.)
- **Princípio predominante**: Eficiência
- **Tipo de gestão**: Administração Gerencial
- **Tipo de propriedade**: Pública não estatal — Organizações sem fins lucrativos

IV - Produção de bens e serviços para o mercado
- Corresponde à área de atuação das empresas
- Atividades econômicas prestadas pelo Estado em razão:
  - i. Do **alto investimento** necessário; ou
  - ii. Da **natureza monopolista** da atividade
- **Princípio predominante**: Eficiência
- **Tipo de gestão**: Administração gerencial
- **Tipo de propriedade**: Em regra, **privada**

PLANO DIRETOR DA REFORMA DO APARELHO DO ESTADO IV

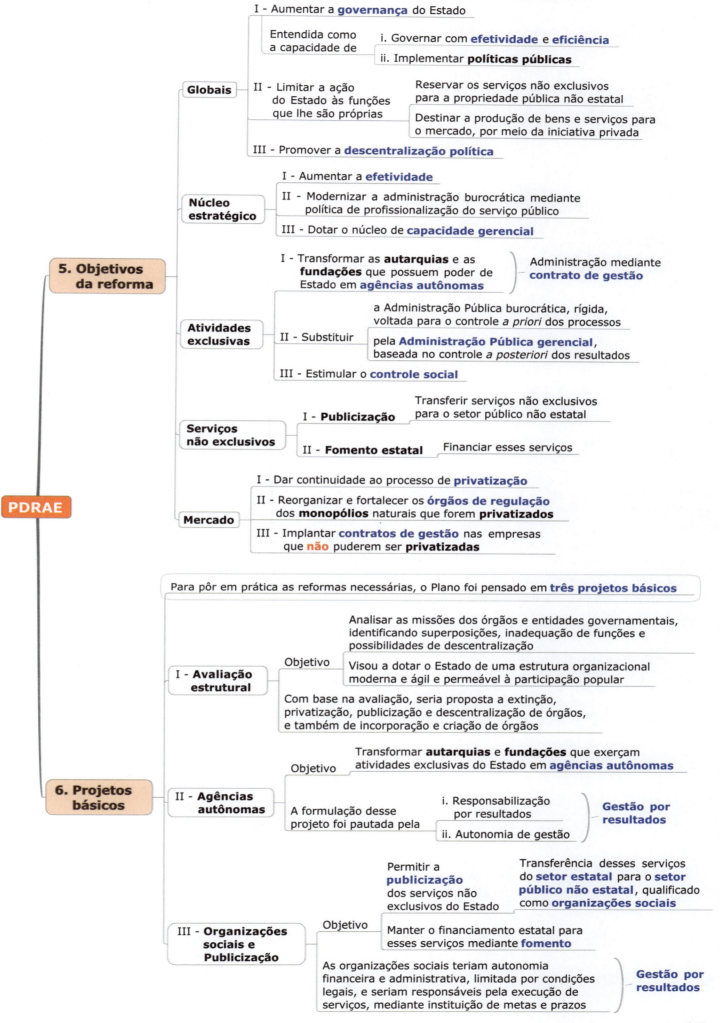

EVOLUÇÃO DA APU NO BRASIL - GOVERNO LULA

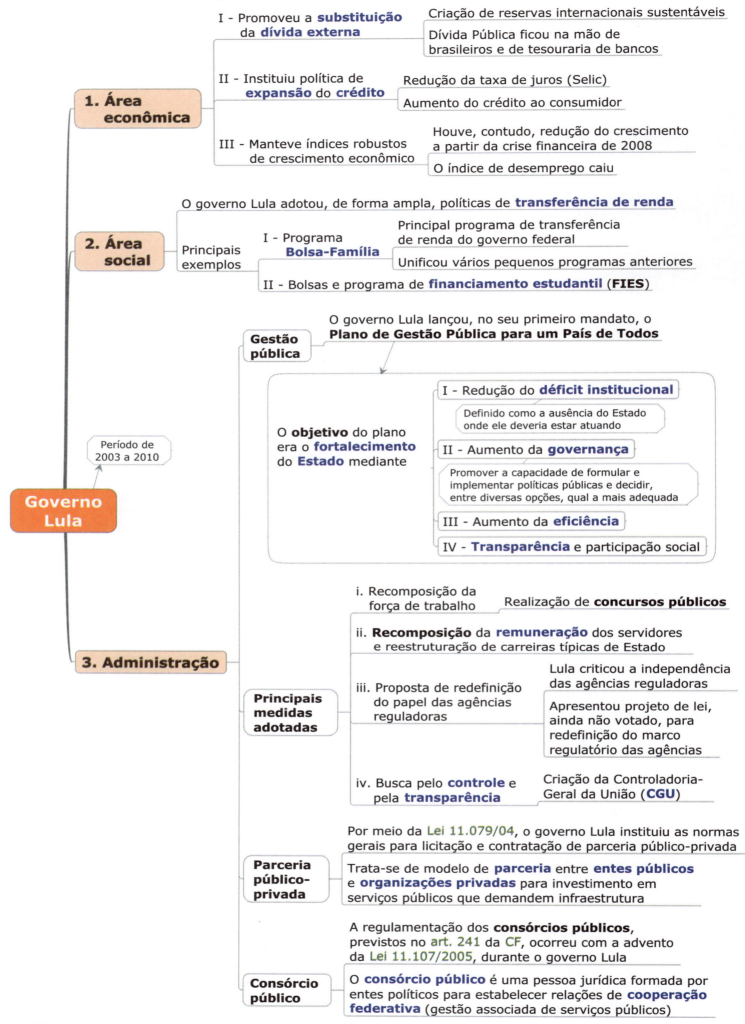

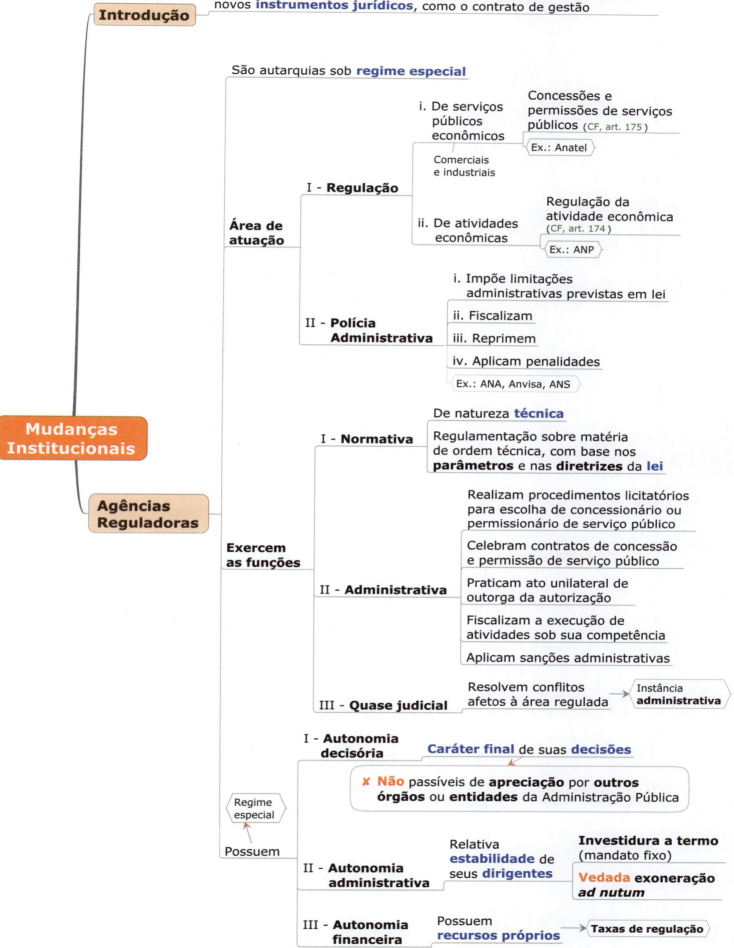

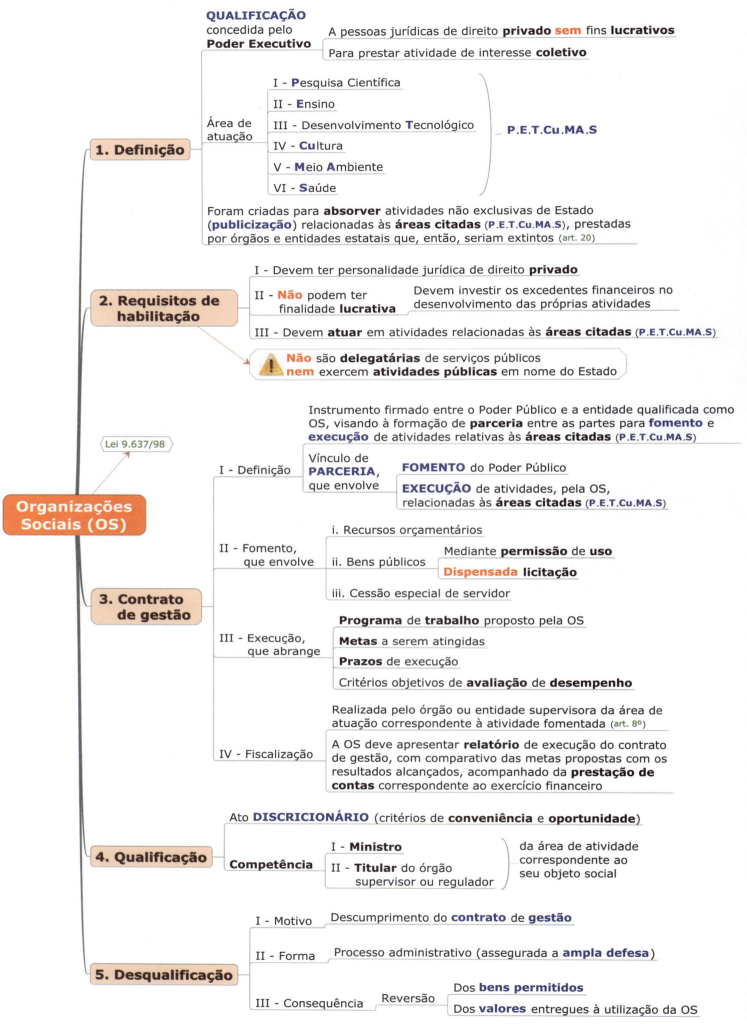

MUDANÇAS INSTITUCIONAIS III - OSCIP

OSCIP = Organização da Sociedade Civil de Interesse Público

1. Definição

QUALIFICAÇÃO jurídica atribuída a pessoas de **direito privado**, em razão das atividades que venham a desenvolver em regime de **parceria** com o **Poder Público**

Somente pode **qualificar-se** (Lei 13.019/2014):
- Pessoa jurídica de direito **privado sem** fins **lucrativos**
- Constituída e em funcionamento regular há, no **mínimo**, **3 anos**
- Cujos objetivos sociais e normas estatutárias atendam aos requisitos instituídos pela Lei 9.790/99

2. Características

- Desempenham atividades de interesse público, por meio de **termo de parceria**
- ⚠️ **Não** são **delegatárias** de serviços públicos **nem** exercem **atividades públicas** em nome do Estado
- Sociedades **sem** fins **lucrativos**
- ✗ **Não** distribuem:
  - Excedentes operacionais
  - Dividendos
  - Bonificações
  - Participações
  - Parcelas do patrimônio

  entre: Sócios, Associados, Conselheiros, Diretores, Empregados, Doadores

3. Qualificação

- Formulada mediante **requerimento** escrito ao **Ministério da Justiça**, que tem competência para deferir ou não o pedido
- A qualificação é ato **VINCULADO**: Atendidos os **requisitos** previstos na Lei 9.790/99, será expedido o certificado de **qualificação**

4. Termo de parceria

É o instrumento firmado entre o **Poder Público** e a **Oscip**, que estabelece um vínculo de **COOPERAÇÃO** entre as partes para **fomento** e **execução** de atividades de interesse público previstas na Lei 9.790/99

Deve prever:

I - O **objeto** (especificação do **programa** de **trabalho**)

II - As **metas**, os **resultados** a serem atingidos e os **prazos** de execução ou cronograma

III - Os critérios objetivos de **avaliação** de **desempenho**, mediante indicadores de resultado

IV - A previsão de **receitas** e **despesas** a serem realizadas em seu cumprimento

V - A **obrigações** da OSCIP, envolvendo a apresentação de **relatório** sobre a **execução** do objeto e de **prestação de contas** dos gastos e receitas efetivamente realizados

VI - A **publicação**, na imprensa oficial do ente público, de **extrato** do **Termo de Parceria** e de **demonstrativo** da sua **execução** física e financeira

⚠️ A execução do objeto do Termo de Parceria será **acompanhada** e **fiscalizada** por **órgão** do Poder Público da área de atuação correspondente à atividade fomentada, e pelos **Conselhos de Políticas Públicas** das áreas correspondentes de atuação existentes, em cada nível de governo

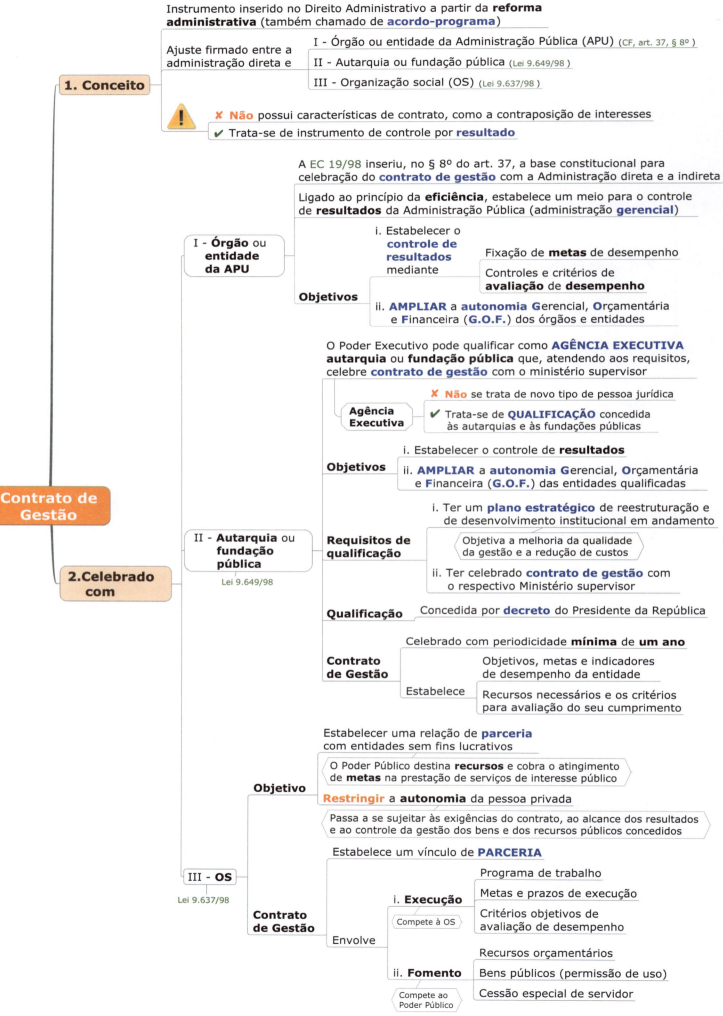

Capítulo 4

Gestão Estratégica e Novas tecnologias gerenciais

GESTÃO ESTRATÉGICA

Gestão Estratégica

1. Gestão estratégica

- É a gestão que se preocupa com aspectos **essenciais** para o futuro da organização
- Tem por foco a implementação de planos, projetos e ações estratégicos, capazes de assegurar o alcance dos **objetivos estratégicos** da organização (de longo prazo)
- A gestão estratégica exige o cumprimento de etapas básicas, tais como **avaliação do ambiente**, **formulação** e **implementação** de uma **estratégia organizacional** e **controle estratégico**
- Envolve três fases: **planejamento**, **desenvolvimento** e **controle estratégicos**

2. Planejamento

O planejamento é a função administrativa mediante a qual se definem os **objetivos** e os **meios** necessários para alcançá-los

I - Estratégico

- Planejamento de **longo prazo** que abrange toda a **organização** (ação global)
- Elaborado pelo nível mais alto da organização (nível institucional ou de alta cúpula)
- Relaciona-se à **adaptação** da organização a um ambiente mutável (sujeito à incerteza dos eventos ambientais)
- **Não** se confunde com o **planejamento tradicional**, que projeta para o futuro as mesmas situações ocorridas no passado

Etapas

- i. **Definição**
  - **Da missão**
    - É a razão de ser da organização
    - Nessa fase determina-se o negócio da empresa (campo de atuação)
  - **Da visão**
    - É o ideal desejado (futuro)
    - Trabalha-se com **cenários** (projeções de ambientes futuros)
- ii. **Análise do ambiente**
  - **Interno** (pontos fortes e fracos)
  - **Externo** (oportunidades e ameaças)
- iii. **Definição dos objetivos, metas e planos de ação**
- iv. **Implementação**
- v. **Avaliação e controle**

II - Tático

- Planejamento de **médio prazo** que abrange determinado **setor** (ação departamental)
- Responsabilidade de nível gerencial ou intermediário

Envolve

- i. **Plano de produção** — Métodos e técnicas
- ii. **Planos financeiros** — Captação e aplicação dos recursos necessários às operações da organização
- iii. **Planos de marketing**
- iv. **Planos de recursos humanos**

III - Operacional

- Planejamento de **curto prazo** que abrange determinada **atividade** (ação específica)
- Responsabilidade de nível operacional

Envolve

- i. **Procedimentos** — Relativos aos métodos
- ii. **Orçamentos** — Relativos aos recursos financeiros
- iii. **Programas** — Relativos ao tempo
- iii. **Regulamentos** — Relativos ao comportamento

Voltado para a **eficiência** (ênfase nos meios), e **não** para a **eficácia** (ênfase nos fins, afeta aos níveis institucional e intermediário)

45

NOVAS TECNOLOGIAS GERENCIAIS I

As **novas tecnologias gerenciais** surgiram no **setor privado** em função do aumento da **concorrência** e da **competitividade**

1. Introdução

São ferramentas de planejamento que auxiliam a implantação e a execução da **gestão estratégica**

A partir do **modelo gerencial de administração do Estado**, essas práticas organizacionais foram incorporadas também pelo **setor público** em busca de novas formas de administrar e gerenciar a coisa pública

2. Benchmarking

Trata-se de uma ferramenta de **diagnóstico**

Introduzido pela Xerox em 1979, é um processo contínuo de **avaliação** de produtos, serviços e métodos de trabalho de organizações que sejam reconhecidas como representantes das **melhores práticas administrativas** (**líderes** do setor avaliado), com o propósito de aprimoramento organizacional

O *benchmarking* exige **3 objetivos** a serem definidos pela organização:

- **I - Diagnóstico interno**: Conhecer suas próprias operações e avaliar seus pontos fortes e fracos
- **II - Diagnóstico externo**: Identificar os líderes do setor avaliado, seus pontos fortes e fracos (identificar o melhor do melhor), comparando-os com seus próprios pontos fortes e fracos
- **III - Implantação**: Incorporar os pontos fortes dos concorrentes, excedendo-os, se possível

3. Diagrama de Ishikawa

Trata-se de uma ferramenta de diagnóstico

Conhecido como **Diagrama de Causa e Efeito** ou **Diagrama espinha de peixe**

Concebido por Kaoru Ishikawa, busca identificar as **causas** que possam contribuir para a existência de um **problema**

Expressa as **causas** e **efeitos** de um processo ou **problema**, colocando-os de forma ordenada em grau de importância da esquerda para a direita

Se baseia em quatro categorias de causas (**4M**):

- **I - Métodos**: Procedimentos e métodos de executar cada trabalho
- **II - Mão de obra**: Competências, conhecimentos e habilidades necessários para o bom desempenho
- **III - Materiais**: Tipos de materiais e sua disponibilidade para utilização no processo
- **IV - Máquinas**: Condições e capacidade das instalações e dos recursos

Alguns gráficos incorporam outras categorias (**6M**), como **meio ambiente** e **medições**

No setor público, pode ser utilizado para:
  i. Visualizar a relação entre número de reclamações dos cidadãos e número de servidores novatos
  ii. Levantar as causas do atraso no atendimento ao cidadão por um órgão ou entidade

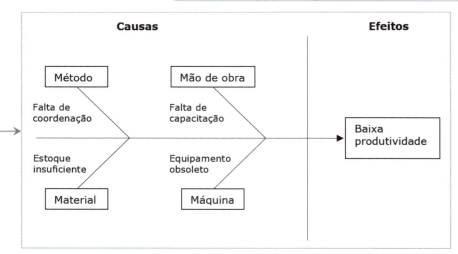

NOVAS TECNOLOGIAS GERENCIAIS II

Novas Tecnologias Gerenciais

4. Análise SWOT

- Trata-se de ferramenta de diagnóstico dos ambientes **interno** e **externo** da organização
- Muito utilizada durante o **planejamento estratégico** para o **diagnóstico institucional** (análise do ambiente)

SWOT
- **S**trengths (**f**orças)
- **W**eaknesses (**f**raquezas)
- **O**pportunities (**o**portunidades)
- **T**hreats (**a**meaças)

- As **forças** e **fraquezas** referem-se ao **ambiente interno** da organização → ✔ São controláveis pela organização
- As **oportunidades** e **ameaças** referem-se ao **ambiente externo** → ✘ **Não** são diretamente controláveis pela organização

Ambiente:
- Interno
  - Forças — S
  - Fraquezas — W
- Externo
  - Oportunidades — O
  - Ameaças — T

5. Matriz GUT

- Trata-se de ferramenta de definição de **prioridades**
- Auxilia na tomada de decisão ao pontuar os **problemas** mais críticos para a organização e que deverão ser **priorizados**

Os problemas são identificados em **três categorias** — GUT:
- **G**ravidade: Impacto do problema e efeitos dele decorrentes ao longo prazo
- **U**rgência: Tempo disponível ou necessário para resolução do problema
- **T**endência: Potencial de crescimento, perpetuação, redução ou desaparecimento do problema

Nota	Gravidade	Urgência	Tendência
5	Extremamente grave	Extremamente urgente	Agravamento é imediato
4	Muito grave	Muito urgente	Vai piorar em curto prazo
3	Grave	Urgente	Vai piorar em médio prazo
2	Pouco grave	Pouco urgente	Vai piorar em longo prazo
1	Sem gravidade	Sem urgência	Sem tendência de piorar

6. Diagrama de Pareto

- Trata-se de ferramenta de definição de **prioridades**
- Vilfredo Pareto, economista italiano, concebeu o princípio segundo o qual as **consequências** majoritárias de um problema (**80%**) são decorrentes de uma parcela reduzida de **causas** (**20%**)

Ex: na administração de materiais, a tendência é de que 80% do capital empregado refira-se a 20% dos itens estocados; nas contas a pagar, 80% dos pagamentos são para 20% dos fornecedores

- Com base nesse princípio, monta-se um **histograma** (gráfico de barras verticais) que permite identificar e **priorizar** as **causas** responsáveis pelos problemas mais relevantes, expostos em ordem de importância

7. Brainstorming

- É uma técnica de criatividade em grupo, na qual se busca a geração de **ideias** que isoladamente ou associadas, estimulem novas ideias e subsídios direcionados à solução de um problema → Significa **tempestade cerebral**
- Os participantes são estimulados a produzir, sem qualquer crítica ou censura, o maior número de ideias sobre determinado problema ou assunto

Pode ser:
- **I - Estruturado**
  - Um participante se manifesta de cada vez, em sequência
  - Propicia a participação de todos
- **II - Não estruturado**
  - Cada um fala a sua ideia quando quiser e sem nenhuma sequência

47

NOVAS TECNOLOGIAS GERENCIAIS III

Novas Tecnologias Gerenciais

8. Ciclo PDCA

Criado por Walter Shewhart e implementado por **Deming**, no Japão, constitui um método de melhoria, otimização e controle de processos organizacionais → **Melhoria contínua**

Visa, mediante a implementação e o acompanhamento de um **programa de qualidade**, a maximizar a eficiência e alcançar a excelência de produtos e serviços

É uma ferramenta que busca a lógica para fazer certo desde a primeira vez

Etapas:

- **P** (*Plan*) — **Planejamento**: Estabelecer objetivos, metas e meios para atingi-los
- **D** (*Do*) — **Execução**: Executar as ações planejadas
- **C** (*Check*) — **Controle e verificação**: Verificar se a execução corresponde ao planejamento
- **A** (*Act to correct*) — **Ação corretiva**: Corrigir as falhas identificadas

P - Planejar | D - Executar | A - Corrigir | C - Controlar

9. Melhoria contínua (*kaizen*)

Kaizen significa **aprimoramento contínuo** (*kai*=mudança e *zen*=bom)

Trata-se de uma técnica de mudança organizacional **suave** e **ininterrupta**, centrada nas atividades em **equipe**

⚠ Segundo Chiavenato, o Kaizen **não** se baseia em **equipes de especialistas**, como ocorre com a administração da qualidade total, mas na participação de **todos** os funcionários

Visa a promover a melhoria mediante a eliminação de problemas identificados (desperdícios, p.ex)

A melhoria contínua deve ser:

- **I - Incremental**: O aprimoramento deve ser **contínuo** e **gradual**
- **II - Participativa**:
  - Deve envolver **todos** os empregados da organização
  - É centrada nas atividades em **equipe**
- **III - Contínua e ininterrupta**:
  - Não é estática, pois tudo deve ser revisto continuamente
  - Parte do princípio de que todos os métodos de trabalho podem sempre ser melhorados

Princípios:

- I - Promover aprimoramento contínuo
- II - Enfatizar os clientes
- III - Reconhecer os problemas abertamente
- IV - Promover a discussão aberta e franca
- V - Criar e incentivar equipes de trabalho
- VI - Gerenciar projetos por intermédio de equipes multifuncionais
- VII - Incentivar o relacionamento entre as pessoas
- VIII - Desenvolver a autodisciplina
- IX - Comunicar e informar a todas as pessoas
- X - Treinar e capacitar todas as pessoas

NOVAS TECNOLOGIAS GERENCIAIS IV

Novas Tecnologias Gerenciais

10. Programa 5S

- Criado no Japão e voltado para os funcionários, busca promover **bons hábitos** no ambiente de trabalho, visando à eliminação de desperdícios e ao aumento de produtividade
- Tem por finalidade proporcionar melhor organização, arrumação, limpeza e disciplina no ambiente de trabalho
- Baseado em **cinco sensos**:
  - **I - Seiri**
    - Senso de **utilização** e seleção
    - Somente o que for necessário ao trabalho deve ficar disponível, sendo o restante guardado ou descartado
  - **II - Seiton**
    - Senso de ordenação e **arrumação**
    - Visa a manter o ambiente organizado, evitando a perda de tempo na busca de recursos necessários ao trabalho
  - **III - Seisoh**
    - Senso de **limpeza**
  - **IV - Seiketsu**
    - Senso de **saúde** e **higiene**
    - Trata dos hábitos pessoais
  - **V - Shitsuke**
    - Senso de **autodisciplina**, harmonia e educação

11. Reengenharia

- Criado por Hammer e Champy na década de 90, com foco em **processos**, propõe repensar conceitos, métodos e sistemas, definindo primeiro o que precisa ser feito, para, a partir disso, se preocupar em como fazer
- É o repensar **fundamental** e a reestruturação **radical** dos **processos** da organização (redesenho dos processos de trabalho)
- Representa uma reconstrução
  - ✔ Significa abandonar os processos existentes e começar do **zero** (**radical** redefinição de processos em base zero, denominado princípio da folha em branco), mediante a elaboração de um desenho organizacional totalmente **novo** e **diferente**
  - ✘ **Não** é utilizada para fazer reparos **rápidos** ou **superficiais** na engenharia atual da organização
- Trata-se de um processo *top-down* (de cima para baixo) que visa a melhorar de forma **drástica** a eficácia da empresa em todos os seus aspectos, tais como custos, qualidade e redução do tempo de execução
- **Tipos**:
  - **I - Reengenharia de negócios**
    - Redefine a visão da organização e o seu negócio
  - **II - Reengenharia de processos**
    - Redefine os processos
    - Pressupõe que os negócios já estejam definidos
- ⚠ A reengenharia **não** deve ser confundida com outras ferramentas como *downsizing*, reestruturação, simplificação, automação etc. (Augustinho Paludo)

12. Downsizing
Enxugamento

- Caracteriza-se pela **redução** de **níveis hierárquicos** e **enxugamento organizacional** para reduzir as operações à atividade essencial da organização e transferir as atividades acessórias ou acidentais para terceiros, que possam fazê-las de forma melhor e menos onerosa (**terceirização**)
- Visa à obtenção de maior eficiência na utilização dos recursos organizacionais e à redução de custos, mediante a redução da hierarquia e a simplificação de processos

13. Terceirização
Outsourcing

- Ocorre quando operações internas da organização são transferidas a entidades especializadas, visando à otimização e à economicidade (redução dos custos)
- Mediante a terceirização, a organização delega a terceiros atividades de apoio para concentrar-se no seu negócio principal
- Costumam ser terceirizadas atividades como limpeza, transporte, vigilância, manutenção etc.

NOVAS TECNOLOGIAS GERENCIAIS V - *BALANCED SCORECARD* (BSC)

14. Balanced Scorecard (BSC)

Desenvolvida por Kaplan e Norton na década de 90, é uma metodologia de **gestão estratégica** que alinha a missão, a visão e as estratégias a um conjunto de indicadores **financeiros** e **não financeiros**, distribuídos em **quatro perspectivas**

 Parte da premissa que a avaliação balanceada do desempenho organizacional exige indicadores que não sejam exclusivamente financeiros

Segundo Chiavenato, a ideia predominante é "o que se faz é o que se pode medir". Nesse sentido, o que uma organização definir como indicador é o que ela vai obter como resultado

Dimensões / Perspectivas

I - Financeira
- Avalia o alcance dos objetivos financeiros definidos na estratégia da organização
- Utiliza indicadores e medidas financeiras e contábeis como lucratividade e retorno sobre investimentos

II - Clientes
- Analisa o negócio sob o ponto de vista dos clientes e como satisfazê-los
- Avalia a aderência dos produtos e serviços à missão da organização e às necessidades dos clientes
- Utiliza indicadores como participação no mercado, satisfação do cliente e, no setor público, satisfação do cidadão

III - Processos internos
- Analisa o negócio sob o ponto de vista interno da organização
- Informa a qualidade intrínseca de produtos e processos
- Utiliza indicadores e medidas como qualidade, produtividade e comunicação interna

IV - Aprendizado e crescimento
- Avalia a capacidade da organização em melhorar continuamente
- Abrange a administração de três elementos: pessoas, tecnologia e cultura organizacional
- Utiliza indicadores e medidas como treinamentos, competências e motivação

As perspectivas do BSC são

- **Interrelacionadas**, havendo uma relação de causa e efeito entre elas, uma união de esforços para alcançar os resultados pretendidos
- **Adaptadas** às características e particularidades da organização, **não** havendo **rigidez (padronização)** na elaboração delas

O BSC

✘ **Não** é utilizado para a **ELABORAÇÃO** do planejamento estratégico
- A definição da **missão** e da **visão** da organização, realizada durante o **planejamento estratégico**, **antecede** a elaboração e a implementação do **BSC**

✔ É utilizado para **IMPLEMENTAÇÃO** da estratégia (**gestão**)
- O BSC traduz a missão e a estratégia da organização em um conjunto de **medidas de desempenho**
- É utilizado como sistema de:
  - I - Medição
  - II - Gerenciamento estratégico
  - III - Comunicação
- É um instrumento de alinhamento e foco da organização em relação à sua estratégia, pois identifica e equilibra as metas associadas a diferentes perspectivas, harmonizando seus compromissos de curto prazo com os objetivos de longo prazo

Capítulo 5

Gestão por Resultados

GESTÃO POR RESULTADOS - NOÇÕES GERAIS

Gestão por Resultados

- A **gestão por resultados** está inserida no contexto da **administração gerencial**

- Enquanto a administração **burocrática** se baseia na **desconfiança** e no **controle de meios e processos**, a administração **gerencial** caracteriza-se pela **confiança limitada** e pelo **controle de resultados** (controle por objetivos e metas)

- Desenvolvida na década de 50 por Peter Druker em consequência da política de **descentralização da autoridade** para as unidades de negócio das empresas (maior **autonomia** de gestão às unidades descentralizadas)

Passos para implementação

- **I - Definir os objetivos e as metas a serem alcançados**
  - Alinhamento de expectativas entre todos os agentes políticos sobre quais são as diretrizes e os objetivos da organização, por meio da tradução destes em resultados e metas a serem atingidas, o que inclui a definição de indicadores para sua apuração

- **II - Pactuar**
  - Resultados
  - Metas
  - Autonomia dos gestores → Deslocamento do controle de procedimentos para o controle de resultados

- **III - Avaliar o desempenho**
  - Utilização de critérios e **indicadores de desempenho** para mensurar o resultado

- **IV - Controlar os resultados obtidos**

Implementação na Administração Pública Federal

- A EC nº 19/98 introduziu na CF o contrato de gestão (acordo-programa), instrumento característico da gestão por resultados
  - Possibilitou a contratualização de resultados:
    - Pactuação de metas de desempenho
    - Ampliação da **autonomia** Gerencial, Orçamentária e Financeira (**G.O.F.**) dos órgãos e entidades participantes

- O Plano Plurianual (PPA) de 2000-2003 adotou a gestão por resultados, mediante a estruturação das ações de governo em programas, com objetivos e metas vinculados aos programas e ações, proporcionando uma maior integração entre a atividade administrativa e o orçamento

- Os princípios mais relacionados à gestão pública por resultados são o mérito, o desempenho, o reconhecimento e a transparência

53

GESTÃO POR RESULTADOS - AVALIAÇÃO DE DESEMPENHO

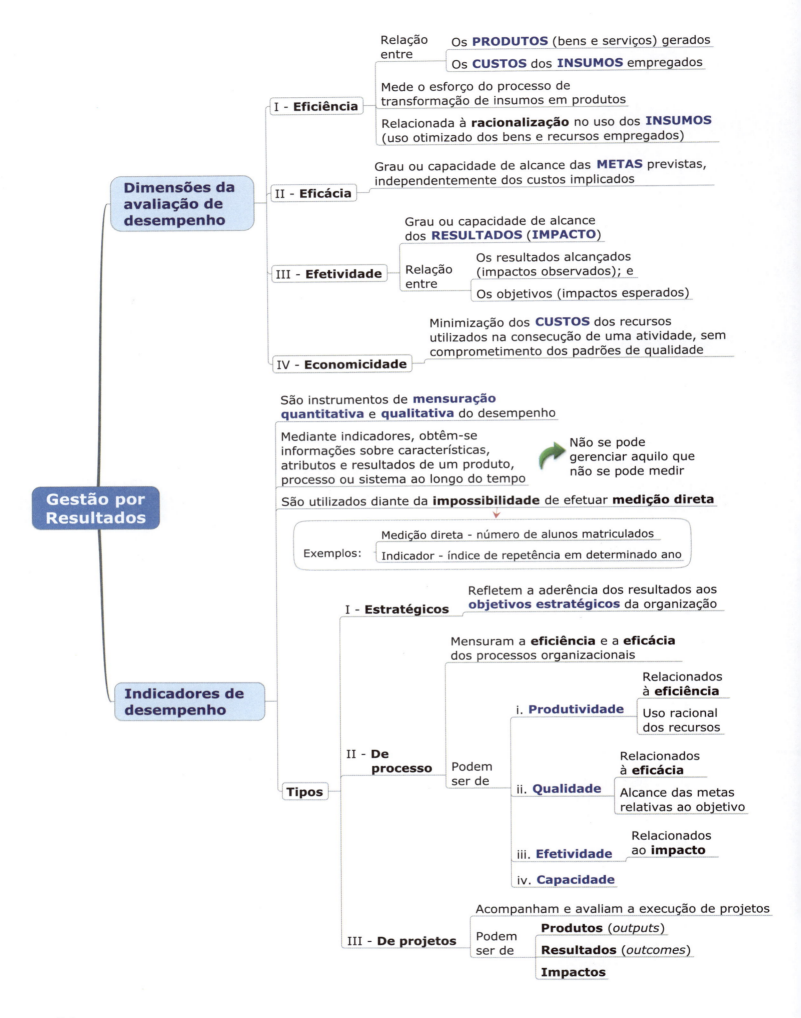

Capítulo 6

Gestão da Qualidade na Administração Pública

GESTÃO DA QUALIDADE NA ADMINISTRAÇÃO PÚBLICA I

PND (1979) Programa Nacional de Desburocratização — Descentralização administrativa → **PBQP (1990)** Programa Brasileiro de Qualidade e Produtividade — Gestão de processos → **QPAP (1996)** Programa de Qualidade e Participação na Administração Pública — Sistema de gestão → **PQSP (1999)** Programa de Qualidade no Serviço Público — Gestão do atendimento ao cidadão → **GesPública (2005)** Programa Nacional de Gestão Pública e Desburocratização — Gestão por resultados, orientada ao cidadão

Qualidade

1. Noções Gerais

Conceito de qualidade

Termo de significado pessoal (subjetivo), é um atributo normalmente afeto a **produtos** e **serviços** e relacionado à:
- I - Satisfação das necessidades do cliente
- II - Ausência de deficiências
- III - Excelência organizacional

Na **Administração Pública**, pode ser entendida como:
- I - Atendimento das necessidades e expectativas do **usuário-cidadão**
- II - **Redução** de **custos** dos serviços (**eficiência** no uso dos recursos)
- III - **Melhoria contínua** dos processos

Principais características dos programas de qualidade:
- I - Foco nos clientes internos e externos (usuários ou cidadãos)
- II - Busca da eficiência, evitando-se desperdícios
- III - Melhoria contínua dos processos
- IV - Não aceitação de erros, adotando-se medidas constantes para minimizá-los
- V - Comprometimento de toda a organização (cúpula e funcionários)

Principais programas de qualidade da Administração Pública
- I - Programa Nacional de Desburocratização (**PND** - 1979)
- II - Programa Brasileiro de Qualidade e Produtividade (**PBQP** - 1990)
- III - Programa de Qualidade e Participação na Administração Pública (**QPAP** - 1996)
- IV - Programa de Qualidade no Serviço Público (**PQSP** - 1999)
- V - Programa Nacional de Gestão Pública e Desburocratização (**GesPública** - 2005)

2. Programa Nacional de Desburocratização

- Instituído por meio do Decreto nº 83.740/79
- Surgiu no contexto da **descentralização administrativa** promovida pelo Decreto-Lei nº 200/67
- Deu ênfase na:
  - Descentralização administrativa
  - Delegação de competência
  - Autonomia da Administração indireta

3. PBQP

O **Programa Brasileiro de Qualidade e Produtividade** (**PBQP**) foi formulado em 1990 pelo governo Collor

Tinha como objetivo apoiar a modernização da **empresa brasileira** mediante:
- Promoção da qualidade e produtividade
- Aumento da competitividade dos bens e dos serviços

Voltado inicialmente à **iniciativa privada**

Na **Administração Pública**, em 1991, foi lançado, como **subprograma** setorial ao PBQP, o **Programa da Qualidade e Produtividade na Administração Pública**
- Buscava a sensibilização para a qualidade no setor público, com ênfase em **melhoria de processos** e uso intensivo de ferramentas de qualidade
- Buscou tornar as organizações públicas menos burocráticas e mais voltadas ao atendimento das demandas sociais
- O programa estabeleceu como meta:
  - Aumento de nível de satisfação dos usuários de 10% ao ano
  - Meta geral de 70% de satisfação dos usuários em 2002

No mesmo ano foi criada a **Fundação Nacional da Qualidade** (**FNQ**), com vistas a disseminar os fundamentos da excelência em gestão para o aumento de competitividade das organizações e do Brasil

GESTÃO DA QUALIDADE NA ADMINISTRAÇÃO PÚBLICA II

Qualidade

4. QPAP

O **Programa da Qualidade e Participação da Administração Pública** (**QPAP**) foi instituído em 1996 pelo governo FHC

Instrumento de implantação do **PDRAE** (reforma **gerencial**), enfatizou:
- A qualidade voltada ao **cidadão**
- A **participação dos servidores** no processo de qualidade

Principais propostas do programa
- I - Apoiar o processo de mudança da cultura **burocrática** para a cultura **gerencial**, fortalecendo a delegação, o atendimento ao cidadão, a racionalidade operacional, a definição clara de objetivos, a motivação dos servidores e o **controle de resultados**
- II - Viabilizar a revisão dos **processos internos** da Administração Pública com vistas à sua maior **eficiência** e **eficácia**

Adotou oito princípios para promoção da qualidade
- I - Satisfação do cliente
- II - Envolvimento de todos os servidores com a qualidade
- III - Gestão participativa dos funcionários (disseminação de informações e cooperação)
- IV - Gerência de processos
- V - Valorização do servidor público
- VI - Constância de propósitos (objetivos de longo prazo)
- VII - Melhoria contínua
- VIII - Não aceitação de erros

5. PQSP

O **Programa de Qualidade no Serviço Público** (**PQSP**) foi instituído em 1999, mediante a transformação do **QPAP**

Buscou desenvolver-se no espaço em que a Administração Pública se relacionava diretamente com o **cidadão**, como na prestação de serviços públicos

Enfatizou a **satisfação do cidadão**, em busca de uma administração pública **participativa**, transparente, orientada para resultados e preparada para responder às demandas sociais

Defendeu uma nova cultura organizacional, abordando os pontos mais importantes da Administração Pública gerencial, mediante:
- I - Foco no **usuário-cidadão**
  - Enfatizou a **qualidade no atendimento** ao cidadão, instituindo projetos de **avaliação de satisfação** dos usuários dos serviços públicos (promoção do **controle social**), padrões de atendimento ao cidadão e fomento à criação de unidades integradas de atendimento
  - O principal indicador do PQSP foi o **índice de satisfação dos usuários** dos serviços públicos
- II - Gestão por **resultados**
- III - Inovação nos **instrumentos gerenciais**
- IV - Envolvimento dos **servidores** de todos os níveis, visando à contínua melhoria na prestação dos serviços

Objetivos gerais
- I - Apoiar as organizações públicas no processo de **transformação gerencial**, com ênfase na produção de resultados positivos para a sociedade, na otimização dos custos operacionais, na motivação e na participação dos servidores, na delegação, na racionalidade operacional, na definição clara de objetivos e no controle de resultados
- II - Promover o **controle social**

Áreas de atuação
- I - Qualidade do atendimento ao cidadão — Visou a orientar as organizações públicas no estabelecimento de padrões de qualidade do atendimento ao cidadão e na realização de pesquisa de **satisfação do usuário** dos serviços públicos
- II - Mobilização das organizações públicas — Procurou estimular, orientar e apoiar as organizações públicas na implementação de ações de melhoria baseadas no **Modelo de Excelência em Gestão Pública**
- III - Avaliação e melhoria da gestão — Promoveu o reconhecimento das organizações públicas engajadas no processo de melhoria contínua da gestão por meio do **Prêmio de Qualidade do Governo Federal**

GESTÃO DA QUALIDADE NA ADMINISTRAÇÃO PÚBLICA III - GESPÚBLICA

6. GesPública (Qualidade)

O **Programa Nacional de Gestão Pública e Desburocratização** (**GesPública**) foi instituído pelo Decreto nº 5.378 de 2005

Buscou a formulação e a implementação de medidas integradas de transformação da gestão, necessárias à:
- I - Promoção dos **resultados** preconizados pelo PPA
- II - Consolidação da administração pública profissional voltada ao interesse do **cidadão**
- III - Aplicação de instrumentos e abordagens **gerenciais**

Finalidades do programa
- I - Contribuir para a melhoria da **qualidade** dos serviços públicos
- II - Aumentar a **competitividade** do País

Objetivos do programa
- I - **Eliminar** o **déficit institucional**, visando ao integral atendimento das competências constitucionais do Poder Executivo Federal
- II - Promover a **governança**, aumentando a capacidade de formulação, implementação e avaliação das **políticas públicas**
- III - Promover a **eficiência**, por meio de melhor aproveitamento dos recursos, relativamente aos **resultados** da ação pública
- IV - Assegurar a **eficácia** e a **efetividade** da ação governamental, promovendo a adequação entre meios, ações, impactos e resultados
- V - Promover a gestão democrática, participativa, transparente e ética

Principais características da política de gestão

I - Natureza pública da gestão
- O GesPública reforçou o caráter **público** da **gestão**
- Partiu da premissa de que a gestão pública deve ser excelente, comparada inclusive com **padrões internacionais** de qualidade em gestão, mas **não** pode **nem** deve deixar de ser **pública**

II - Estar focada em resultados para o cidadão
- O GesPública estabeleceu como desafio **sair** do serviço à **burocracia** e colocar a gestão pública a serviço do **resultado** dirigido ao **cidadão**, mediante o atendimento total ou parcial das **demandas sociais**, traduzidas pelos governos em políticas públicas
- Pela primeira vez a **efetividade** foi formalmente incluída em um programa de qualidade

III - Ser federativa
- Os conceitos e instrumentos do GesPública aplicam-se a toda Administração Pública em todos os Poderes e esferas de governo (federal, estadual e municipal)
- O GesPública **não** se restringiu ao governo **federal**, pois buscou apoiar e fomentar a melhoria da gestão pública também nos níveis **estadual** e **municipal**
- Buscou também formar uma rede de organizações e pessoas voluntárias (Rede Nacional de Gestão Pública)

O programa instituiu um Comitê Gestor com as seguintes atribuições:
- I - Mobilizar a Administração Pública para a melhoria da gestão e para a **desburocratização**
- II - Apoiar tecnicamente a Administração Pública na melhoria do **atendimento ao cidadão** e na **simplificação de procedimentos e normas**
- III - Orientar e capacitar a Administração Pública para a implantação de **ciclos contínuos** de **avaliação** e de **melhoria** da gestão
- IV - Desenvolver **modelo de excelência em gestão pública**, fixando critérios para a avaliação e melhoria da qualidade da gestão pública, da capacidade de atendimento ao cidadão e da eficiência e eficácia dos atos da Administração Pública federal

Modelo de Excelência em Gestão Pública

O GesPública desenvolveu um modelo de gestão próprio, o Modelo de Excelência em Gestão Pública (**MEGP**)

Esse modelo foi concebido com base:
- Nos preceitos da **Fundação Nacional de Qualidade**
- Nos princípios constitucionais da Administração Pública (legalidade, impessoalidade, moralidade, publicidade e eficiência)

O MEGP é a representação de um sistema gerencial constituído de **oito partes integradas**, que orientam a adoção de práticas de excelência em gestão, as quais foram transformadas em critérios para avaliação da gestão pública

Ver Mapas de **Modelo de Excelência em Gestão Pública I, II e III**

59

GESTÃO DA QUALIDADE NA ADMINISTRAÇÃO PÚBLICA IV - MEGP I

Modelo de Excelência em Gestão Pública

- **São conceitos que definem a gestão de excelência e compõem a estrutura de sustentação do MEGP**
- **Fundamentos da excelência**

- **I - Aprendizado organizacional**: Busca contínua e alcance de novos patamares de **conhecimento**, individuais e coletivos, por meio da percepção, reflexão, avaliação e compartilhamento de informações e experiências

- **II - Cultura da inovação**: Promoção de um ambiente favorável à **criatividade**, à **experimentação** e à implementação de **novas ideias** que possam gerar um diferencial para a atuação da organização

- **III - Geração de valor**: Alcance de **resultados** consistentes, assegurando o aumento de valor tangível e intangível de forma sustentada para todas as partes interessadas

- **IV - Desenvolvimento de parcerias**: Desenvolvimento de atividades conjuntamente com outras organizações com objetivos comuns, buscando o pleno uso das suas competências complementares para desenvolver sinergias

- **V - Controle social**: Relativo à **participação** das partes interessadas no planejamento, no acompanhamento e na avaliação das atividades da Administração Pública e na execução das políticas e dos programas públicos

- **VI - Gestão participativa**: Determina uma atitude gerencial da alta administração que busque a cooperação das pessoas, reconhecendo a capacidade e o potencial diferenciado de cada um e harmonizando os interesses individuais e coletivos, a fim de conseguir a sinergia das equipes de trabalho

- **VII - Pensamento sistêmico**: Entendimento das relações de **interdependência** entre os diversos componentes de uma organização, bem como entre a organização e o ambiente externo, com foco na sociedade

- **VIII - Liderança e constância de propósitos**:
  - Exercida pela **alta administração**, a liderança é o elemento promotor da gestão, responsável pela orientação, pelo estímulo e pelo comprometimento para o alcance e a melhoria dos resultados
  - Deve atuar de forma aberta, democrática, inspiradora e motivadora, visando ao desenvolvimento da cultura da excelência, à promoção de relações de qualidade e à proteção do interesse público

- **IX - Visão de futuro**:
  - Indica o rumo de uma organização e a constância de propósitos
  - Relacionada à capacidade de estabelecer um **estado futuro desejado** que dê coerência ao processo decisório e que permita à organização antecipar-se às necessidades dos cidadãos e da sociedade
  - Inclui, também, a compreensão dos **fatores externos** que afetam a organização com o objetivo de gerenciar seu impacto na sociedade

- **X - Comprometimento com as pessoas**: Estabelecimento de relações com as pessoas, criando condições de melhoria da qualidade nas relações de trabalho, para que elas se realizem profissional e humanamente, maximizando seu **desempenho** por meio do comprometimento, de oportunidade para desenvolver competências e de empreender, com **incentivo** e **reconhecimento**

- **XI - Responsabilidade social**:
  - Atuação voltada para assegurar às pessoas a condição de cidadania com garantia de acesso aos bens e serviços essenciais
  - Tem como princípio gerencial a preservação da biodiversidade e dos ecossistemas naturais, potencializando a capacidade das gerações futuras de atender suas próprias necessidades

- **XII - Orientação por processos e informações**:
  - Compreensão e segmentação das atividades e dos processos da organização que agreguem valor para as partes interessadas
  - A tomada de decisões e a execução de ações devem ter como base a **medição** e **análise** do **desempenho**

- **XIII - Foco no cidadão e na sociedade**: Direcionamento das ações públicas para atender as necessidades sociais

GESTÃO DA QUALIDADE NA ADMINISTRAÇÃO PÚBLICA V - MEGP II

Modelo de Excelência em Gestão Pública

Constituição do modelo

O modelo é constituído de oito partes integradas (elementos), que orientam a adoção de práticas de excelência em gestão, apresentadas em **4 blocos**, que representam o ciclo **PDCA**

Planejamento (*plan*), execução (*do*), controle ou verificação dos resultados (*check*) e adoção de ação corretiva (*act correctly*)

1º bloco
Relacionado ao **planejamento** (*plan*)

Por meio da **liderança** forte da alta administração, que focaliza as **necessidades** dos **cidadãos-usuários**, os serviços, os produtos e os processos são **planejados** conforme os recursos disponíveis, para melhor atender a esse conjunto de necessidades

Elementos:
- I - **Liderança**
- II - **Estratégias e Planos**
- III - **Cidadãos**
- IV - **Sociedade**

2º bloco
Relacionado à **execução** do planejamento (*do*)

Nesse espaço, concretizam-se as ações que transformam objetivos e metas em resultados

São as **pessoas**, capacitadas e motivadas, que operam esses **processos** e fazem com que cada um deles produza os resultados esperados

Elementos:
- V - **Pessoas**
- VI - **Processos**

3º bloco
Relacionado à **verificação dos resultados** (*check*)

Representa o **controle**, pois serve para acompanhar o atendimento à satisfação dos destinatários dos serviços e da ação do Estado, o orçamento e as finanças, a gestão das pessoas, a gestão de suprimento e das parcerias institucionais, bem como o desempenho dos serviços/produtos e dos processos organizacionais

Elemento: VII - **Resultados**

4º bloco
Relacionado à adoção de **ação corretiva** (*act correctly*)

Representa a **inteligência da organização**

Nesse bloco, são processados e avaliados os dados e os fatos da organização (internos) e aqueles provenientes do ambiente (externos), que não estão sob seu controle direto, mas, de alguma forma, influenciam o seu desempenho

Dá à organização a capacidade de corrigir ou melhorar suas práticas de gestão e, consequentemente, seu desempenho

Elemento: VIII - **Informações e conhecimento**

Ferramentas do GesPública

Autoavaliação
Verifica o grau de aderência dos processos gerenciais de um ente público em relação ao modelo e aos critérios de Excelência em Gestão Pública

Carta de serviço
Documento elaborado por uma organização pública que visa a informar aos cidadãos quais os serviços prestados por ela, como acessar e obter esses serviços e quais os compromissos de atendimento estabelecidos

Tem por objetivos facilitar e ampliar o acesso do cidadão aos seus serviços e estimular a sua participação no monitoramento do setor público, induzindo-o ao controle social e promovendo a melhoria da qualidade do atendimento prestado

Padrão de pesquisa de satisfação
Metodologia de pesquisa de opinião padronizada

Investiga o nível de satisfação dos usuários de um serviço público

Guia de gestão de processos
Instrumento que orienta a modelagem e a gestão de processos voltados ao alcance de resultados

Guia "d" simplificação
Instrumento que visa à simplificação de processos, atividades e normas

GESTÃO DA QUALIDADE NA ADMINISTRAÇÃO PÚBLICA VI - MEGP III

Modelo de Excelência em Gestão Pública
└── **Critérios para avaliação das organizações públicas**

- **Lideranças**
  - Examina a **governança** pública e a **governabilidade** da organização, incluindo aspectos relativos à transparência, equidade, prestação de contas e responsabilidade corporativa
  - Também examina como é exercida a **liderança**, incluindo temas como mudança cultural e implementação do sistema de gestão da organização
  - Aborda a **análise do desempenho** da organização enfatizando a comparação com o desempenho de outras organizações e a avaliação do êxito das estratégias

- **Estratégias e planos**
  - Examina como a organização, a partir de sua visão de futuro, da análise dos ambientes interno e externo e da sua missão institucional, formula suas **estratégias**, as desdobra em **planos de ação** de curto e longo prazos e acompanha a sua implementação, visando ao atendimento de sua missão e à satisfação das partes interessadas

- **Cidadãos**
  - Examina como a organização, no cumprimento das suas competências institucionais, **identifica** os cidadãos **usuários** dos seus serviços e produtos, **conhece** suas **necessidades** e **avalia** a sua **capacidade de atendê-las**, antecipando-se a elas
  - Aborda também como ocorre a **divulgação** de seus serviços, produtos e ações para fortalecer sua imagem institucional e como a organização estreita o relacionamento com seus cidadãos-usuários, medindo a sua satisfação e implementando e promovendo ações de melhoria

- **Sociedade**
  - Examina como a organização aborda suas responsabilidades perante a sociedade e as comunidades diretamente afetadas pelos seus processos, serviços e produtos e como estimula a cidadania
  - Examina, também, como a organização atua em relação às políticas públicas do seu setor e como estimula o controle social de suas atividades pela sociedade e o comportamento ético

- **Informações e conhecimento**
  - Examina a **gestão das informações**, incluindo a obtenção de informações comparativas pertinentes
  - Também examina como a organização identifica, desenvolve, mantém e protege os seus **conhecimentos**

- **Pessoas**
  - Examina os sistemas de trabalho da organização, incluindo a organização do trabalho, a estrutura de cargos, os processos relativos à seleção e contratação de pessoas, assim como a gestão do desempenho de pessoas e equipes
  - Também examina os processos relativos à capacitação e ao desenvolvimento das pessoas e como a organização promove a qualidade de vida das pessoas interna e externamente ao ambiente de trabalho

- **Processos**
  - Examina como a organização gerencia, analisa e melhora os **processos finalísticos** e os **processos de apoio**
  - Também examina como a organização gerencia o **processo de suprimento**, destacando o desenvolvimento da sua cadeia de suprimento
  - O Critério aborda como a organização gerencia os seus **processos orçamentários e financeiros**, visando ao seu suporte

- **Resultados**
  - Examina os **resultados** da organização, abrangendo os orçamentário-financeiros, os relativos aos cidadãos-usuários, à sociedade, às pessoas, aos processos finalísticos e de apoio, assim como os relativos ao suprimento
  - A avaliação dos resultados inclui a análise da tendência e do nível atual de desempenho, pela verificação do atendimento dos níveis de expectativa das partes interessadas e pela comparação com o desempenho de outras organizações

Capítulo 7
Empreendedorismo Governamental

GESTÃO PÚBLICA EMPREENDEDORA

Gestão Pública Empreendedora

1. Introdução

O termo **empreendedorismo** está relacionado à capacidade de **inovação** e ao **desenvolvimento econômico**

- Enquanto no **setor privado** a inovação advém da busca por **competitividade** e **lucro**, no **setor público** buscam-se a **eficiência** e a **efetividade** da atuação governamental

O tema **empreendedorismo governamental** (gestão pública empreendedora) assumiu maior relevância com a obra "**Reinventando o Governo**", de David Osborne e Ted Gaebler

Desenvolvido a partir da realidade norte-americana, propôs uma **redefinição** da atividade governamental, tornando o **setor público** mais **empreendedor**, mas **sem** confundi-lo com uma **empresa**

 Aplicado no contexto da **reforma gerencial**

✗ **Não** confundir **governo empreendedor** com **governo empresário**
- A gestão privada visa ao lucro
- A gestão pública visa ao interesse público

2. Princípios

I - Governo catalizador

Propõe que o governo atue na **coordenação** de diferentes agentes sociais, nas funções **decisórias** e de **direção**, **deixando** a função de **execução** de políticas públicas para outrem
→ Seria o governo que navega, ao invés de remar

Não defende o **Estado mínimo**, mas a **redefinição** da atividade governamental → Nesse sentido, o PDRAE propôs a redefinição do papel do Estado, **deixando** de ser responsável **direto** pelo desenvolvimento econômico e social pela via da **produção** de bens e serviços, para fortalecer-se na função de **promotor** e **regulador** desse desenvolvimento

Promove a **GESTÃO PARTICIPATIVA** — Atuação conjunta **pública**, **privada** e **voluntária**

II - Governo que pertence à comunidade

Chama a comunidade a participar da **gestão** e da **supervisão** dos serviços públicos

Transfere o **poder decisório** e o **controle** dos serviços, **mas** permanece com a responsabilidade final de garantir sua prestação

III - Governo competitivo

Estimula a **competição** na prestação dos serviços, com vistas a aumentar a **eficiência** e melhorar a **qualidade** dos serviços

IV - Governo orientado por missões

Orientado por **objetivos**, e **não** por **regras** e **regulamentos**

Permite **flexibilidade** e a **avaliação**, mediante a comparação do objetivo formulado com o resultado alcançado

V - Governo de resultados

Propõe que a avaliação da **eficiência** não seja dissociada da avaliação da **efetividade**

Enquanto a **eficiência** mensura o **custo** do que foi produzido, a **efetividade** mede a **qualidade** dos resultados

VI - Governo orientado ao cliente

Trata os cidadãos como **clientes**

Direciona os serviços prestados para o atendimento das necessidades da população

VII - Governo preventivo

Prioriza o **planejamento** e a visão de longo prazo

Atua na **prevenção** dos problemas mais do que no tratamento

VIII - Governo empreendedor

Busca **receitas públicas** alternativas, além das derivadas de impostos, como taxas de prestação de serviço, *royalties* e participações

Realiza a avaliação de retorno de seus investimentos

XI - Governo descentralizado

Provê maior **autonomia** ao servidores e **delegação** de competências, em busca da eficiência na prestação dos serviços

X - Governo orientado para o mercado

Fomenta a atuação dos mercados

Prioriza **mecanismos de mercado** às soluções burocráticas

65

NOVAS LIDERANÇAS NO SETOR PÚBLICO

Novas Lideranças no Setor Público

1. Liderança

Pode ser definida como a habilidade de **influenciar** pessoas com vistas a realizar os **objetivos** e **metas** organizacionais

Características

- I - Processo **interpessoal** (ocorre entre pessoas)
- II - Relativo à capacidade de **influência**
  - Introduz mudanças de comportamento
  - Afeta aspectos comportamentais e motivacionais
- III - Com vistas a alcançar **objetivos** e **metas** da organização

2. Estilos de liderança
Idalberto Chiavenato

- **I - Autocrática**
  - É aquela em que o líder decide e fixa as diretrizes, tarefas e atribuições das pessoas, **sem** a participação do **grupo**
  - O líder é pessoal e dominador nos elogios e nas críticas ao trabalho de cada um

- **II - Liberal**
  - É a liderança permissiva, em que há total liberdade para tomada de decisões grupais ou individuais, com a participação mínima do líder
  - Cabe aos grupos a divisão das tarefas e a escolha dos componentes
  - O líder não faz tentativa de avaliar ou regular o andamento dos trabalhos, tece apenas opiniões, quando solicitado

- **III - Democrática**
  - É aquela em que as diretrizes são debatidas e decididas pelo grupo, cabendo ao líder estimular e assistir ao grupo
  - A divisão das tarefas fica a cargo do grupo, do qual o líder é membro, e cada um tem a liberdade de escolher seus colegas
  - O líder é objetivo e estimula com fatos, elogios ou críticas

⚠ Enquanto a liderança **autocrática** apresenta maior volume de trabalho, mas com problemas de insatisfação do grupo (tensão, agressividade e frustração), a liderança **democrática**, apesar de o nível quantitativo de produção não ser tão elevado, apresenta melhor resultado de qualidade de trabalho, acompanhada de clima de satisfação do grupo

3. Novo Gestor Público

- Em função da nova realidade da gestão compartilhada das políticas públicas, o gestor público deve ser capaz de influenciar atores de outras organizações e órgãos
  - ↪ Deve ser capaz de incentivar o diálogo, coletivizar ideias, formular alternativas e articular a ação conjunta
- Sua atuação **não** está mais restrita àqueles que estão sob sua **subordinação hierárquica**

PROCESSOS PARTICIPATIVOS DE GESTÃO PÚBLICA I

Processos Participativos de Gestão Pública

1. Introdução

- No **modelo gerencial**, o princípio da participação da população no governo baseia-se na transferência do **poder decisório** da **burocracia** para as **comunidades**

- Os governos transferem o **controle** dos serviços públicos, **mas** permanecem com a **responsabilidade final** de garantir que os serviços sejam prestados às comunidades

- **Objetivos da participação popular**
  - Remover os obstáculos existentes ao **controle social**
  - Estimular as comunidades organizadas a **dirigirem** os serviços que lhes são prestados

- **Tipos de participação**
  - **I - Pseudoparticipação**: Ocorre quando autoridades realizam consultas sobre um assunto a grupos determinados apenas para referendar suas decisões
  - **II - Participação Parcial**: Ocorre quando o processo decisório é ampliado, mas o poder de decisão final é de uma das partes
  - **III - Participação Plena**: Ocorre quando o poder de decisão final é igualmente distribuído para cada membro isoladamente

- **Historicamente, existiram três tipos de conselho de participação popular no Brasil**
  - **I - Conselhos populares**: Relacionados aos setores da esquerda ou de oposição ao regime militar
  - **II - Conselhos comunitários**: Criados pelo Poder Executivo, auxiliavam na administração municipal
  - **III - Conselhos gestores**:
    - Com previsão constitucional e instituição mediante lei
    - Proporcionam articulação entre a população e o Poder Público (esfera pública não estatal)

2. Preceitos constitucionais participativos

- **I - Planejamento municipal**: A CF/88 prevê a participação das **associações representativas** no planejamento municipal (CF, art. 29, XII)

- **II - Projeto de lei municipal**: A CF/88 prevê a **iniciativa popular** de projetos de lei de **interesse específico** do **município**, da **cidade** ou de **bairros** (CF, art. 29, XIII)
  - **Requisito**: Iniciativa de pelo menos **5%** do **eleitorado**

- **III - Formulação de denúncias ao TCU**: Qualquer cidadão, partido político, **associação** ou sindicato é parte legítima para denunciar irregularidades perante o TCU (CF, art. 74, § 2º)

PROCESSOS PARTICIPATIVOS DE GESTÃO PÚBLICA II

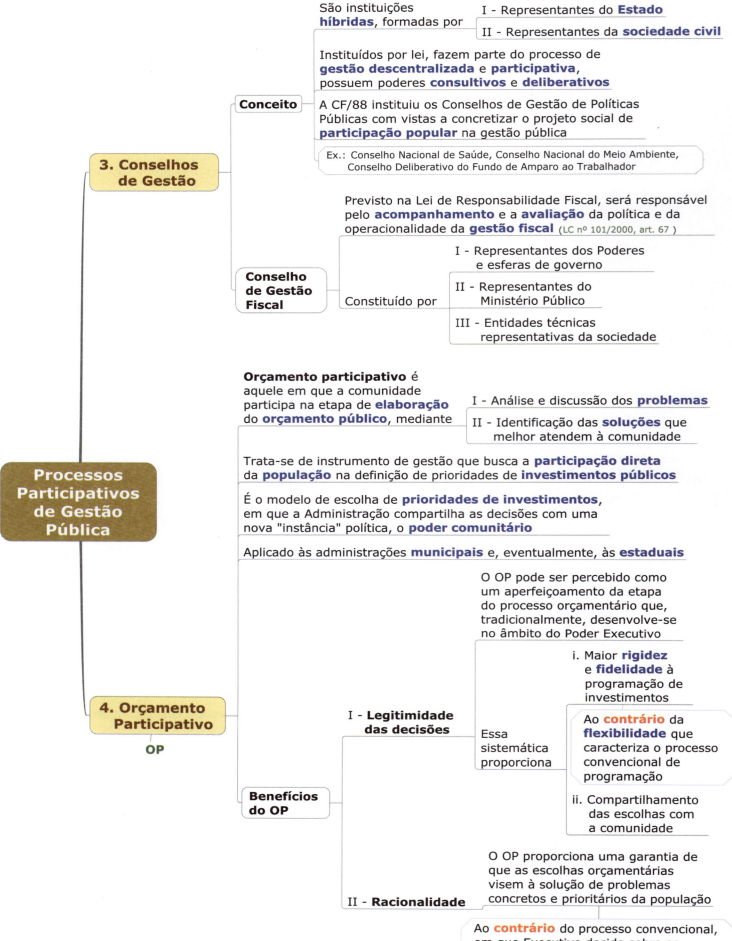

Capítulo 8

Governabilidade, Governança e *accoauntability*

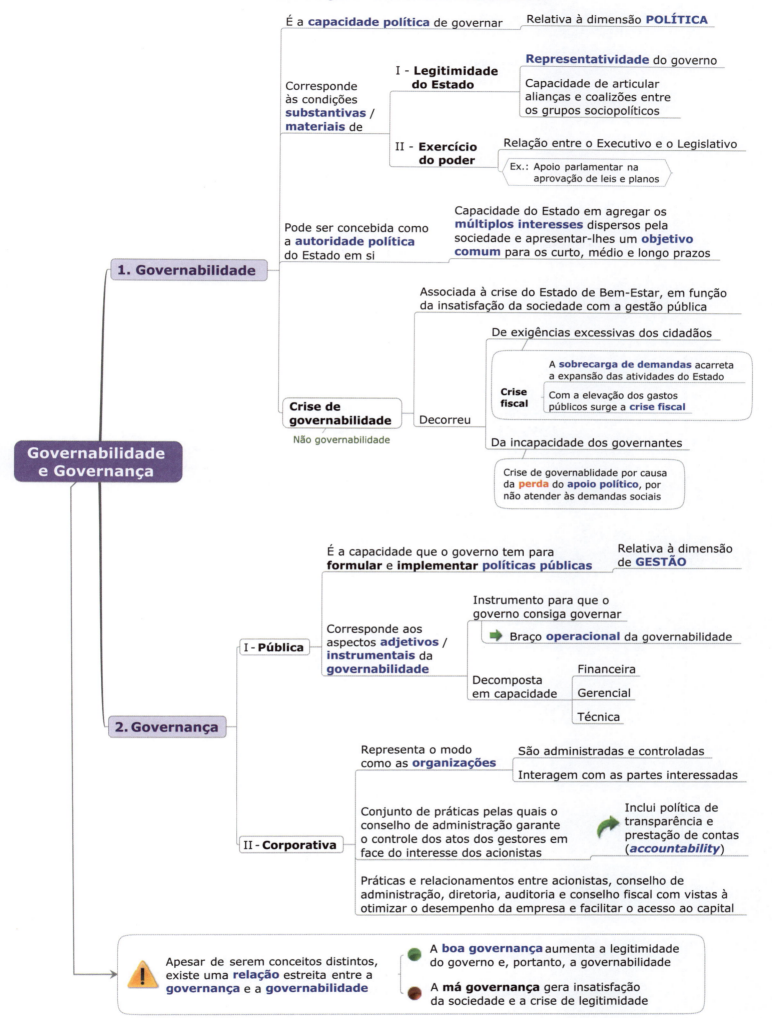

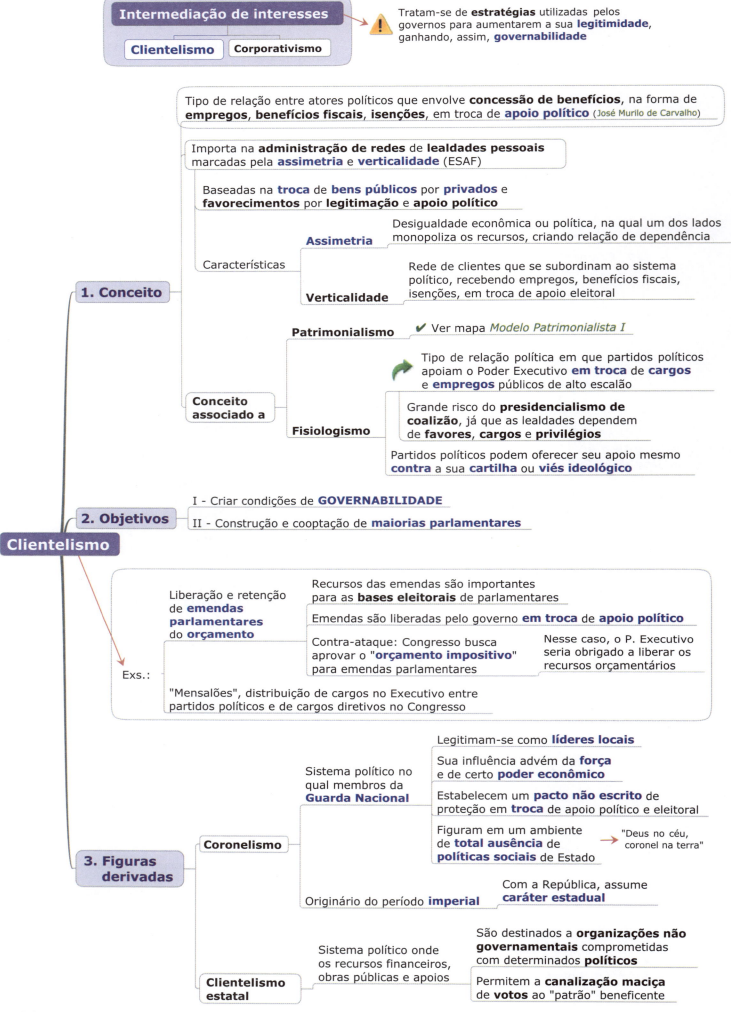

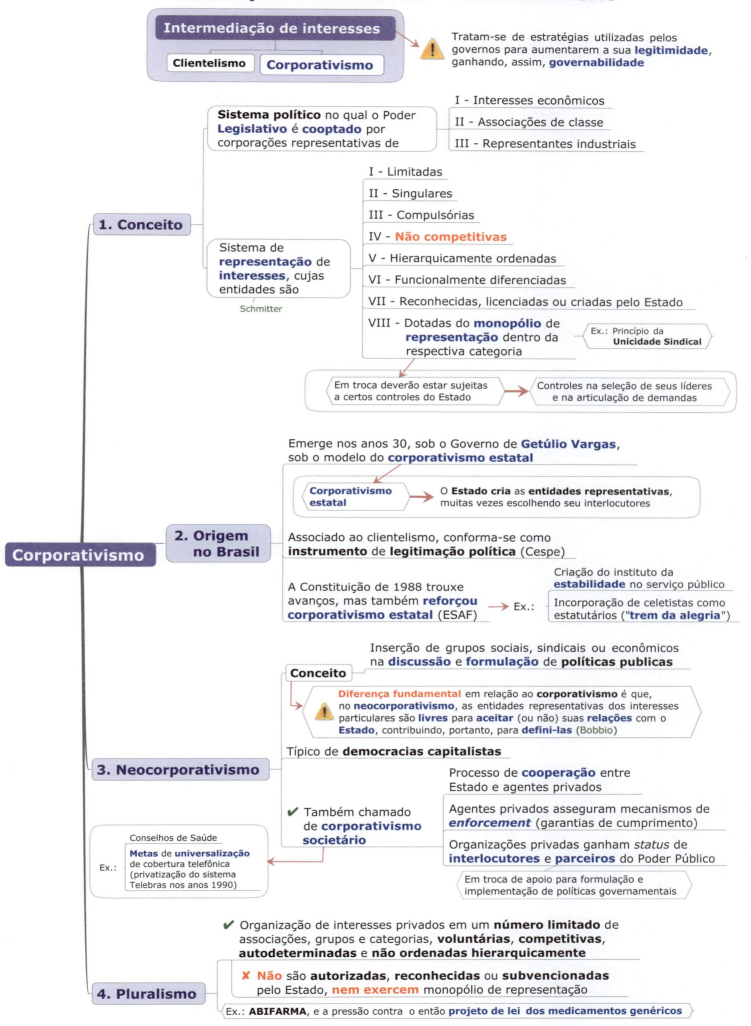

ACCOUNTABILITY

Accountability

1. Conceito de *accountability*

- Refere-se ao **dever** do **agente público** de **prestar contas** ao **cidadão** → Em sentido amplo, vai além da prestação de contas, pura e simples
- O termo que mais se aproxima de *accountability* é **responsabilidade** → **Não** há **tradução** precisa para a Língua Portuguesa
- Trata-se de um **mecanismo** de **controle de poder**, por meio do qual os **governantes** são constrangidos a **responder**, de forma ininterrupta, por seus **atos** e **omissões** perante os **governados**
- Modernamente, diz respeito à sensibilidade das autoridades em relação ao que os cidadãos delas esperam (**responsividade**), à obrigação e mesmo à **disposição** e **vontade** de **prestar contas**, e à **responsabilização** pelos seus atos e resultados

→ Elementos do conceito **prestação de contas**, **responsividade** e **responsabilização**

2. Elementos do conceito

I - Obrigação / disposição em prestar contas
- O agente público administra bens públicos, por isso deve prestar contas desta administração
- Referente à dimensão de "**Informação / Transparência**" - "*answerability*"

II - Responsividade
- Refere-se à sensibilidade do agente em relação à vontade do principal
- O agente deve maximizar os interesses do **principal** e não os seus próprios, tendo em vista sempre o **interesse público**, segundo o princípio da **impessoalidade**
- Referente à dimensão de "**Explicação / Justificação**" - "*responsiveness*"

III - Responsabilização pelos atos e resultados
- O agente deve responder pelos seus atos, tanto em termos de **legalidade** quanto de **resultados**
- A administração gerencial mudou o foco do controle *a priori* de **processos** para ser *a posteriori* de **resultados**
- Referente à dimensão de "**Sanção / Coerção / Punição**" - "*enforcement*"

3. Classificação

I - Vertical
- Controle exercido pelo **processo eleitoral** livre, por meio do voto
- Os principais mecanismos de *accountability* vertical são o **voto** e a **ação popular** → Mecanismos de **soberania popular**

II - Horizontal
- Ocorre por meio da mútua fiscalização e controle existente
  - i. Entre os Poderes → Freios e contrapesos
  - ii. Entre **órgãos de Estado**, com poder de controle, supervisão e sanção → Ex.: TCU, CGU, agências reguladoras
- ⚠ A ação entre **iguais** ocorre entre os **Poderes** (freios e contrapesos), e a ação entre **autônomos** se dá mediante as **agências** e **órgãos** (dos Poderes ou independentes)

III - Societal
- Controle exercido pela sociedade – institucional ou não (**controle social**) → Ex.: Associações, conselhos, mídia
- Tem por **objetivo expor erros** e **falhas** dos **governos**, trazer questões para a agenda pública e influenciar decisões políticas a serem implementadas por órgãos públicos (ESAF)
- ⚠ Os agentes da *accountability* societal **NÃO** têm o **direito** e o **poder legal**, além da capacidade institucional para **aplicar sanções** legais contra as transgressões dos agentes públicos (ESAF)

4. Accountability e Democracia Delegativa

- A **democracia delegativa** caracteriza-se pela obrigação de os governantes **cumprirem mandatos imperativos**, cuja delegação do eleitor não pode ser alterada ou questionada
- **O'Donnel** dá ênfase nas democracias nos países latinoamericanos, nas quais seria dada **preferência** para a *accountability* **vertical** em detrimento da horizontal

Capítulo 9
Governo Eletrônico e Transparência

GOVERNO ELETRÔNICO E TRANSPARÊNCIA I

Governo Eletrônico

1. Noções gerais

TIC — Tecnologias de Informação e Comunicação - TIC
- Conjunto de todas as atividades e soluções providas por recursos de computação
- As **TICs** são **indissociáveis** do **Governo Eletrônico**

SI — Sistemas de Informação
- Referem-se mais ao gerenciamento da informação, mediante a utilização de softwares organizacionais

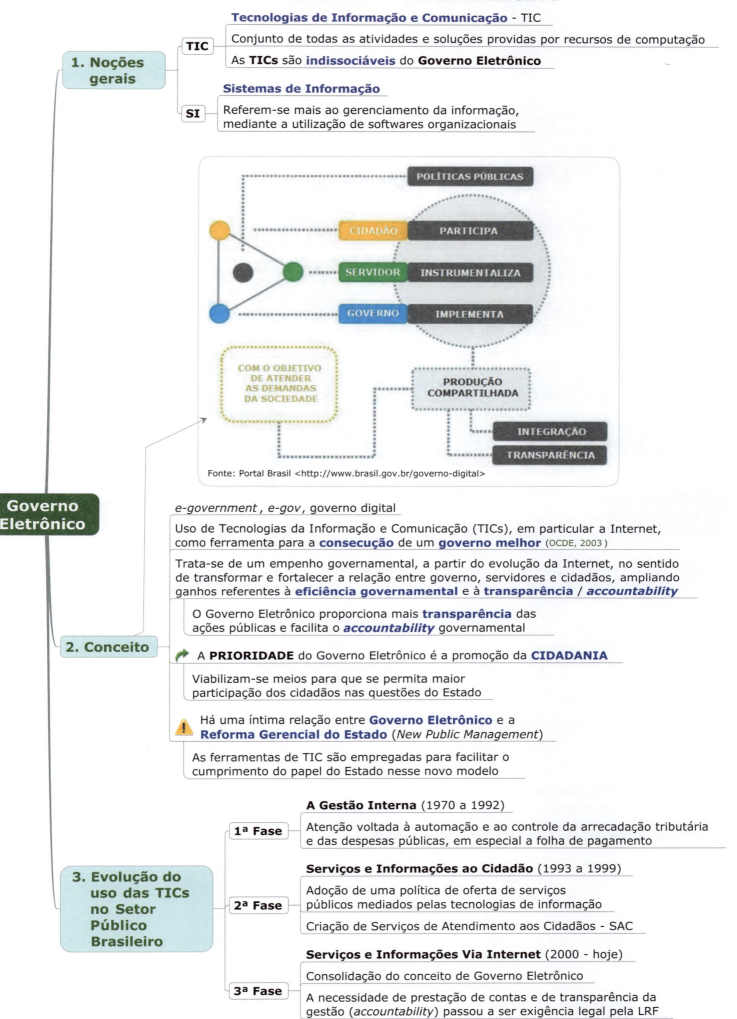

Fonte: Portal Brasil <http://www.brasil.gov.br/governo-digital>

2. Conceito

e-government, *e-gov*, governo digital

Uso de Tecnologias da Informação e Comunicação (TICs), em particular a Internet, como ferramenta para a **consecução** de um **governo melhor** (OCDE, 2003)

Trata-se de um empenho governamental, a partir do evolução da Internet, no sentido de transformar e fortalecer a relação entre governo, servidores e cidadãos, ampliando ganhos referentes à **eficiência governamental** e à **transparência** / *accountability*

- O Governo Eletrônico proporciona mais **transparência** das ações públicas e facilita o *accountability* governamental

➥ A **PRIORIDADE** do Governo Eletrônico é a promoção da **CIDADANIA**

- Viabilizam-se meios para que se permita maior participação dos cidadãos nas questões do Estado

⚠ Há uma íntima relação entre **Governo Eletrônico** e a **Reforma Gerencial do Estado** (*New Public Management*)

- As ferramentas de TIC são empregadas para facilitar o cumprimento do papel do Estado nesse novo modelo

3. Evolução do uso das TICs no Setor Público Brasileiro

1ª Fase — **A Gestão Interna** (1970 a 1992)
- Atenção voltada à automação e ao controle da arrecadação tributária e das despesas públicas, em especial a folha de pagamento

2ª Fase — **Serviços e Informações ao Cidadão** (1993 a 1999)
- Adoção de uma política de oferta de serviços públicos mediados pelas tecnologias de informação
- Criação de Serviços de Atendimento aos Cidadãos - SAC

3ª Fase — **Serviços e Informações Via Internet** (2000 - hoje)
- Consolidação do conceito de Governo Eletrônico
- A necessidade de prestação de contas e de transparência da gestão (*accountability*) passou a ser exigência legal pela LRF

77

GOVERNO ELETRÔNICO E TRANSPARÊNCIA II

Governo Eletrônico

4. Princípios / diretrizes do Governo Eletrônico
MPOG <www.governoeletronico.gov.br>

- I - Promoção da **CIDADANIA** como **prioridade**
- II - **Indissociabilidade** entre **inclusão digital** e o Governo Eletrônico
- III - O *Software* Livre é um **recurso estratégico** para a implementação do Governo Eletrônico
- IV - **Gestão do Conhecimento** como instrumento **estratégico** de articulação e gestão das **políticas públicas** do Governo Eletrônico
- V - O Governo Eletrônico deve **racionalizar** o **uso de recursos**
- VI - **Integração** de **políticas**, **sistemas**, **padrões** e **normas**
- VII - **Integração** das ações de Governo Eletrônico com **outros níveis de governo** e com **outros Poderes**
  - Ex.: TCU pode se beneficiar das redes do Governo para exercer o controle externo da Administração Pública

5. Objetivos

- I - **Eficiência governamental**
  - Oferecer serviços aos cidadãos, contribuindo para o aumento da **eficiência governamental**
  - Oferecer serviços diversos diretamente pela Internet
  - Aumentar a **eficiência administrativa**, com **redução** simultânea de **custos**
  - Melhorar a **eficácia** e os **resultados** da **gestão pública**

- II - **Promoção da *accountability***
  - Fornecer uma enorme e variada quantidade de informações de interesse da sociedade
  - Agir como um **canal** de **prestação de contas** da esfera governamental
  - Aumentar a transparência das ações governamentais

- III - **Melhoria do processo democrático**
  - Possibilitar e incentivar a **participação popular** em processos políticos
  - Permitir maior participação do cidadão, com vistas ao **fortalecimento** da **cidadania**

6. Campos de aplicação do Governo Eletrônico
UNESCO

- I - **Serviços Públicos Eletrônicos**
  - *e-services*
  - Refere-se a uma melhor prestação de serviços públicos aos cidadãos
  - Visa a oferecer serviços de utilidade pública ao cidadão contribuinte
  - Ex.:
    - Pedidos de documentos públicos
    - Solicitação de documentos legais e certificados
    - Emissão de alvarás e licenças

- II - **Administração Pública Eletrônica**
  - *e-administration*
  - Refere-se à melhoria dos processos de governo e do funcionamento interno do setor público com os novos processos de informação TIC executados
  - Destaque para a sua utilização das TICs nos processos de licitações e contratações em geral

- III - **Democracia Eletrônica**
  - *e-democracy*
  - Implica uma maior e mais ativa participação cidadã e de envolvimento proporcionados pelas TIC no processo de tomada de decisão
  - Ex.: e-Democracia da Câmara dos Deputados <http://edemocracia.camara.gov.br>

GOVERNO ELETRÔNICO E TRANSPARÊNCIA III

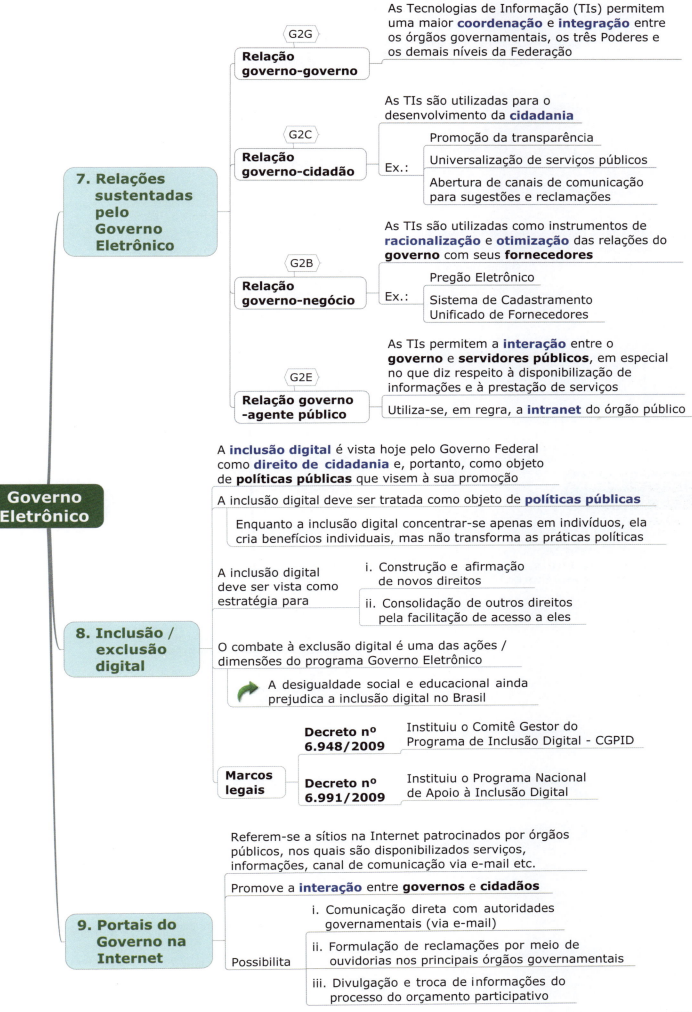

Governo Eletrônico

7. Relações sustentadas pelo Governo Eletrônico

G2G — Relação governo-governo
As Tecnologias de Informação (TIs) permitem uma maior **coordenação** e **integração** entre os órgãos governamentais, os três Poderes e os demais níveis da Federação

G2C — Relação governo-cidadão
As TIs são utilizadas para o desenvolvimento da **cidadania**
Ex.:
- Promoção da transparência
- Universalização de serviços públicos
- Abertura de canais de comunicação para sugestões e reclamações

G2B — Relação governo-negócio
As TIs são utilizadas como instrumentos de **racionalização** e **otimização** das relações do **governo** com seus **fornecedores**
Ex.:
- Pregão Eletrônico
- Sistema de Cadastramento Unificado de Fornecedores

G2E — Relação governo-agente público
As TIs permitem a **interação** entre o **governo** e **servidores públicos**, em especial no que diz respeito à disponibilização de informações e à prestação de serviços
Utiliza-se, em regra, a **intranet** do órgão público

8. Inclusão / exclusão digital

A **inclusão digital** é vista hoje pelo Governo Federal como **direito de cidadania** e, portanto, como objeto de **políticas públicas** que visem à sua promoção

A inclusão digital deve ser tratada como objeto de **políticas públicas**

Enquanto a inclusão digital concentrar-se apenas em indivíduos, ela cria benefícios individuais, mas não transforma as práticas políticas

A inclusão digital deve ser vista como estratégia para
i. Construção e afirmação de novos direitos
ii. Consolidação de outros direitos pela facilitação de acesso a eles

O combate à exclusão digital é uma das ações / dimensões do programa Governo Eletrônico

➡ A desigualdade social e educacional ainda prejudica a inclusão digital no Brasil

Marcos legais
- **Decreto nº 6.948/2009** — Instituiu o Comitê Gestor do Programa de Inclusão Digital - CGPID
- **Decreto nº 6.991/2009** — Instituiu o Programa Nacional de Apoio à Inclusão Digital

9. Portais do Governo na Internet

Referem-se a sítios na Internet patrocinados por órgãos públicos, nos quais são disponibilizados serviços, informações, canal de comunicação via e-mail etc.

Promove a **interação** entre **governos** e **cidadãos**

Possibilita:
i. Comunicação direta com autoridades governamentais (via e-mail)
ii. Formulação de reclamações por meio de ouvidorias nos principais órgãos governamentais
iii. Divulgação e troca de informações do processo do orçamento participativo

79

GOVERNO ELETRÔNICO E TRANSPARÊNCIA IV

Transparência Eletrônica

1. Noções gerais

O **Governo Eletrônico** atende a uma maior exigência da sociedade civil sobre **transparência**, **participação** e **eficiência**

⚠ Os dados disponibilizados pela Administração Pública na Internet **NÃO** possibilitam os **cidadãos** a **decidirem** sobre ações do Governo

A **transparência** das ações públicas constitui elemento **essencial** para aumentar a **confiança** e a **cooperação** entre a **sociedade** e o **governo**

A própria disponibilização das informações na Internet, por si só, já se constitui numa forma de controle

Os governos **NÃO** divulgam **todas** as **informações**, mas todas as informações que são de seu interesse divulgar

2. Portais federais importantes

I - Comprasnet

Disponibiliza informações relacionadas a compras públicas, licitações, contratos administrativos, cadastro de fornecedores, catálogo/classificação de materiais e serviços

Oferece três tipos de serviços:
- i. Serviços ao Governo
- ii. Serviços aos Fornecedores
- iii. Serviços à Sociedade

Abrange o **Siasg**
- **Siasg** - Sistema Integrado de Administração de Serviços Gerais
- Atua como ferramenta de apoio às atividades de gestão de materiais, licitações/contratos e fornecedores

II - Portal de convênios

Pode-se se consultar as transferências financeiras da União

Viabiliza o gerenciamento *on-line* de todos os convênios cadastrados no Sistema de Gestão de Convênios e Contrato de Repasse (**Siconv**)

III - Portal Brasil

Contém 4 blocos de informações

i. **Prestação de contas** da **execução orçamentária** e **financeira** do Governo Federal e os relatórios de gestão de órgãos e entidades da Administração Pública

ii. **Orçamento da União**, relacionado às prioridades dos Poderes Executivo/Legislativo/Judiciário, quanto aos **investimentos**

iii. **Fiscalização**, contendo a lista dos entes que fiscalizam e acompanham a correta administração dos recursos públicos federais, e acessos às páginas eletrônicas desses órgãos

iv. **Conselho de Transparência**, com informações sobre o colegiado que propõe e debate medidas de aperfeiçoamento do controle e da transparência na gestão pública, além de estratégias de combate à corrupção

IV - Portal da Transparência da CGU

Qualquer pessoa pode acompanhar e fiscalizar a **execução dos programas governamentais** e os **recursos transferidos** a Estados e Municípios, assim como obter informações sobre compras e contratações públicas

Há espaço para apresentação de **denúncias** relacionadas ao mau uso dos recursos públicos (**controle social**)

Quando se fala em **transparência** das informações, o **portal da Transparência da CGU** é o **mais importante**

V - Portal do *Software* Público Brasileiro

O portal do *Software* Público Brasileiro (SPB) se consolidou como um ambiente de compartilhamento de *softwares*

Benefícios do *software* público:
- i. Economia de recursos
- ii. Independência de fornecedores
- iii. Segurança
- iv. Compartilhamento do conhecimento

✘ **Não** há **contato direto** com o **autor** do *software*

⚠ **SIAFI**

✘ O **Siafi não** é um instrumento de transparência do **ponto de vista do cidadão**

✘ **Não** se encontra **disponível** na **Internet**

Trata-se de um sistema utilizado como forma de **controle interno** nos Poderes da União

80

GOVERNO ELETRÔNICO E TRANSPARÊNCIA V

Transparência Eletrônica

3. LRF
LRF - Lei de Responsabilidade Fiscal
LC 101/2000

Noções gerais
- A **responsabilidade na gestão fiscal** pressupõe a ação **planejada** e **transparente** (art. 1º, § 1º, LRF)
- ⚠ As **informações** disponibilizadas **eletronicamente** facilitam e permitem o **controle social**

Instrumentos de transparência da gestão fiscal na LRF
art. 48
- i. Os planos, orçamentos e leis de diretrizes orçamentárias
- ii. As **prestações de contas** e o respectivo parecer prévio
- iii. O **Relatório Resumido da Execução Orçamentária** e o **Relatório de Gestão Fiscal**

A transparência também será assegurada mediante
art. 48, p. único
- I - Incentivo à participação popular e realização de **audiências públicas**, durante os processos de elaboração e discussão dos planos, LDO e orçamentos
- II - Disponibilização de **informações pormenorizadas** sobre a execução orçamentária e financeira, em **meios eletrônicos de acesso público**
- III - Adoção de **sistema integrado de administração financeira e controle**, que atenda a padrão mínimo de qualidade estabelecido pelo Poder Executivo

4. Lei de Acesso à Informação - LAI
Lei 12.527/2011

Noções gerais
- A LAI é um poderoso instrumento em termos de **transparência pública** e **controle social**
- Visa a assegurar o **direito fundamental** de **acesso à informação**
- Com a LAI, acentua-se a relação entre **Governo Eletrônico** e **transparência** da ação estatal, sendo a **Internet** o **canal preferencial** de informação e de interação com a sociedade
- Trata-se de **lei nacional**: Os procedimentos devem ser observados pela **União, Estados, DF e Municípios**
- Aplicação:
  - i. Todos os órgãos e entidades dos três Poderes
  - ii. Às entidades privadas sem fins lucrativos que recebam recursos públicos
- ⚠ Qualquer interessado poderá requerer informações **SEM** a **necessidade** de **justificativas**, **inclusive** as relacionadas à **remuneração** recebida pelos servidores públicos

Diretrizes do acesso à informação
art. 3º
- I - Observância da **publicidade** como **preceito geral** e do **sigilo** como **exceção**
- II - **Divulgação** de **informações** de **interesse público**, INDEPENDENTEMENTE de **solicitações**
- III - Utilização de **meios de comunicação** viabilizados pela **tecnologia da informação**
- IV - **Fomento** ao desenvolvimento da cultura de **transparência**
- V - Desenvolvimento do **controle social** da Administração Pública

Cabe aos órgãos e entidades do Poder Público assegurar a
art. 6º
- I - **Gestão transparente** da **informação**, propiciando amplo acesso a ela e sua divulgação
- II - **Proteção da informação**, garantindo-se sua **disponibilidade, autenticidade e integridade**
  - **Disponibilidade**: Qualidade da informação que pode ser conhecida e utilizada por indivíduos, equipamentos ou sistemas autorizados
  - **Autenticidade**: Qualidade da informação que tenha sido produzida, expedida, recebida ou modificada por indivíduo, equipamento ou sistema
  - **Integridade**: Qualidade da informação não modificada, inclusive quanto à origem, trânsito e destino
- III - Proteção da informação sigilosa e da informação pessoal, observada a sua disponibilidade, autenticidade, integridade e eventual restrição de acesso

Capítulo 10

Comunicação na Gestão Pública

COMUNICAÇÃO NA GESTÃO PÚBLICA I - NOÇÕES DE COMUNICAÇÃO

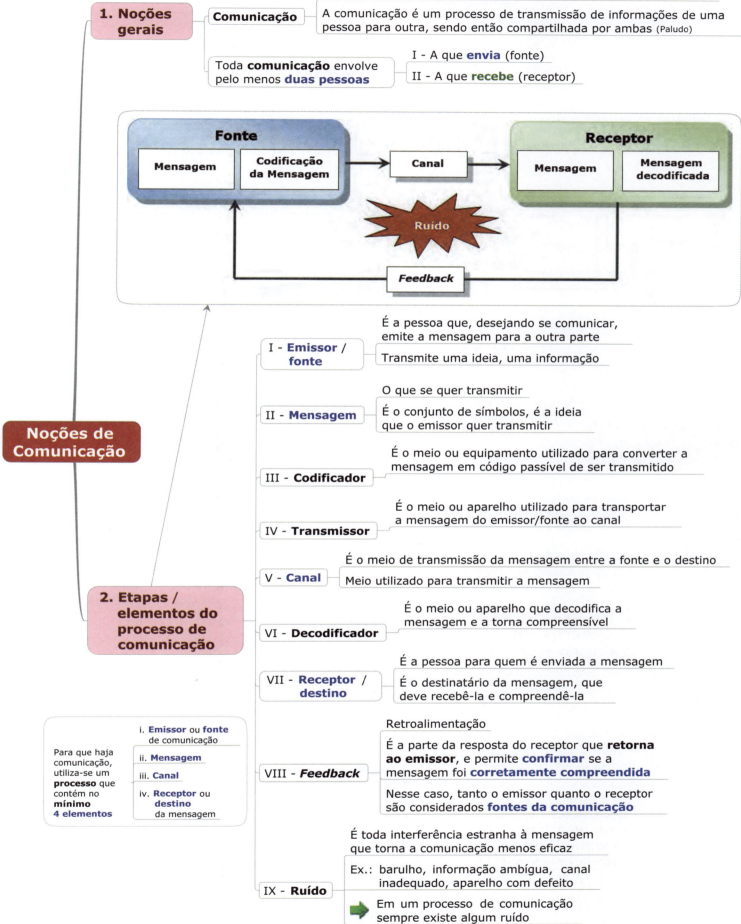

Noções de Comunicação

1. Noções gerais

- **Comunicação**
  - Processo pelo qual as informações são transmitidas ou entendidas por duas ou mais pessoas, geralmente com a intenção de motivar ou influenciar o comportamento (Richard Daft)
  - A comunicação é um processo de transmissão de informações de uma pessoa para outra, sendo então compartilhada por ambas (Paludo)
- Toda **comunicação** envolve pelo menos **duas pessoas**
  - I - A que **envia** (fonte)
  - II - A que **recebe** (receptor)

2. Etapas / elementos do processo de comunicação

- **I - Emissor / fonte**
  - É a pessoa que, desejando se comunicar, emite a mensagem para a outra parte
  - Transmite uma ideia, uma informação
- **II - Mensagem**
  - O que se quer transmitir
  - É o conjunto de símbolos, é a ideia que o emissor quer transmitir
- **III - Codificador**
  - É o meio ou equipamento utilizado para converter a mensagem em código passível de ser transmitido
- **IV - Transmissor**
  - É o meio ou aparelho utilizado para transportar a mensagem do emissor/fonte ao canal
- **V - Canal**
  - É o meio de transmissão da mensagem entre a fonte e o destino
  - Meio utilizado para transmitir a mensagem
- **VI - Decodificador**
  - É o meio ou aparelho que decodifica a mensagem e a torna compreensível
- **VII - Receptor / destino**
  - É a pessoa para quem é enviada a mensagem
  - É o destinatário da mensagem, que deve recebê-la e compreendê-la
- **VIII - Feedback**
  - Retroalimentação
  - É a parte da resposta do receptor que **retorna ao emissor**, e permite **confirmar** se a mensagem foi **corretamente compreendida**
  - Nesse caso, tanto o emissor quanto o receptor são considerados **fontes da comunicação**
- **IX - Ruído**
  - É toda interferência estranha à mensagem que torna a comunicação menos eficaz
  - Ex.: barulho, informação ambígua, canal inadequado, aparelho com defeito
  - ➡ Em um processo de comunicação sempre existe algum ruído

Para que haja comunicação, utiliza-se um **processo** que contém no **mínimo 4 elementos**:
i. **Emissor** ou **fonte** de comunicação
ii. **Mensagem**
iii. **Canal**
iv. **Receptor** ou **destino** da mensagem

85

COMUNICAÇÃO NA GESTÃO PÚBLICA II - COMUNICAÇÃO ORGANIZACIONAL I

Comunicação Organizacional

1. Conceitos

Comunicação organizacional (Paludo)
É um sistema que compreende o **fluxo de informações** entre a **organização** e seu **ambiente interno** e **externo**, e que permite à organização funcionar de forma integrada e eficaz

Sistema de comunicação organizacional
É a **forma** pela qual as **informações** necessárias ao funcionamento da estrutura organizacional são **transmitidas** a todos os interessados, e que permite a integração de todos em torno de objetivos comuns

Compreende:
- i. **O que** se deve comunicar
- ii. **Quem** deve comunicar
- iii. Qual o **momento** adequado
- iv. Qual **meio** a ser utilizado para comunicar

Comunicação administrativa
É responsável pela **circulação das informações** em uma organização
É um instrumento de **coerência** e **coesão organizacional**, que se encontra presente tanto nas instituições públicas quanto nas empresas privadas

Comunicação interna
Percorre todas as áreas e ajuda a construir a própria **cultura** e a **identidade organizacional**, além de facilitar o relacionamento, a interação e a flexibilidade
⚠️ **Não** há **priorização** da **comunicação externa** em detrimento da **comunicação interna**

Comunicação externa
É a que torna a empresa conhecida perante o **mercado**, as **instituições** e a **sociedade**

Comunicação institucional
É a responsável pela formação da **imagem pública** da **instituição** e ocorre mediante a divulgação de sua **missão**, **visão**, **valores** e **crenças**, e **filosofia**
⚠️ A **cultura organizacional** é elemento **essencial** na consideração da construção de um **plano de comunicação**

2. Perspectivas da comunicação organizacional

I - Perspectiva instrumental
A comunicação é vista como um instrumento cujo objetivo maior consiste em **gerar obediência** às **ordens** e **conformidade** às **diretrizes** e **regras** estabelecidas pela **alta direção organizacional**

II - Perspectiva participativa ou de **interação**
A comunicação é construída por **todos** os **envolvidos**, e seu significado resulta na **interação** entre atores, seus meios e suas particularidades

3. Características de uma boa comunicação organizacional

- I - São **transparentes**
- II - São uma **via de mão dupla**, que funciona com a mesma eficiência de baixo para cima e de cima para baixo
- III - **Possuem mecanismos formais** que **facilitam** a abertura da **comunicação interna**
- IV - Informam os empregados sobre tudo que pode afetar sua vida
- V - Informam os empregados sobre fatos que podem mudar a empresa antes que os jornais o façam
- VI - Formam "embaixadores" da organização, que são verdadeiros **multiplicadores** dos **valores**, **atividades** e **produtos** da empresa

COMUNICAÇÃO NA GESTÃO PÚBLICA III - COMUNICAÇÃO ORGANIZACIONAL II

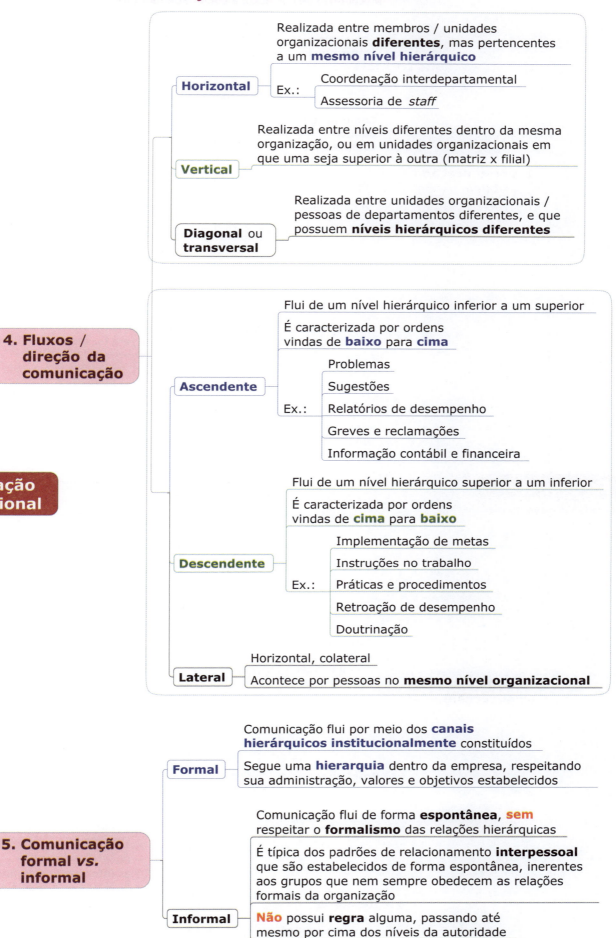

COMUNICAÇÃO NA GESTÃO PÚBLICA IV - COMUNICAÇÃO GOVERNAMENTAL

Comunicação Governamental

1. Comunicação pública

No contexto democrático, a **sociedade** tem **direito** à **informação**

Direito à informação
- O Estado deve comunicar suas atividades à sociedade, a qual teria assegurado, em regra, o **livre acesso** a **informações**
- Quanto maior o acesso à informação governamental, mais democráticas são as relações entre Estado e sociedade

Comunicação pública compreende
- I - A comunicação praticada pelos **entes públicos**
- II - Comunicação que ocorre em **espaços públicos comuns**, envolvendo governos, seus órgãos, entidades paraestatais e não governamentais, e a sociedade em geral, e que de alguma forma envolve o interesse público

O **interesse público** permeia toda a comunicação pública

A **comunicação pública** relaciona-se diretamente com o termo **"bem público"**

O **objetivo** principal da comunicação pública é **informar**

Mas também são seus objetivos:
- i. Educar, sensibilizar, orientar, mobilizar, interagir e informar a sociedade sobre as questões de interesse geral
- ii. Criar um **canal** que permita estabelecer uma relação de **diálogo** com os **cidadãos** e a **sociedade**

CF/88: A **publicidade** dos atos, programas, obras, serviços e campanhas dos órgãos públicos deverá ter **caráter educativo**, **informativo** ou de **orientação social**

2. Comunicação governamental

A **comunicação governamental** contempla todas as ações e atividades desempenhadas pelos **governos**, visando:
- I - A prestação de contas
- II - Ao estímulo para o engajamento da população nas políticas adotadas
- III - Ao reconhecimento das ações promovidas nos campos político, econômico e social

➡ Trata-se de uma forma legítima de o governo se fazer presente perante a população

A **comunicação pública** é diferente de **comunicação governamental**
➡ A **comunicação pública** é **mais ampla** que a **comunicação governamental**

Objetivos principais da comunicação governamental
- I - Disseminar informações sobre assuntos de interesse dos mais diferentes segmentos sociais
- II - Estimular a sociedade a participar do debate e da definição de políticas públicas
- III - Realizar ampla difusão dos direitos do cidadão e dos serviços colocados à sua disposição
- IV - Explicar os projetos e políticas de governo
- V - Promover o Brasil no exterior
- VI - Atender às necessidades de informação de clientes e usuários das entidades integrantes do governo

Problemas
- I - Nem sempre a transparência e o interesse público prevalecem
- II - Atividade estratégica, podendo ser posicionada para atender aos interesses dos governantes

Gestão da comunicação governamental

I - **Conteúdo da informação**
- O dilema na gestão da comunicação governamental é decidir **o que comunicar** (**não** se **comunica tudo**)
- Deve-se contemplar e priorizar tanto as **informações de qualidade** quanto a facilidade de acesso a essas informações

II - **Questão política**
- A oposição estará sempre tentando perverter o sentido da comunicação com vistas a constranger os governos

III - **Universalização da informação**
- Esbarra na exclusão digital

88

Capítulo 11
Gestão de Redes Organizacionais

GESTÃO DE REDES ORGANIZACIONAIS I

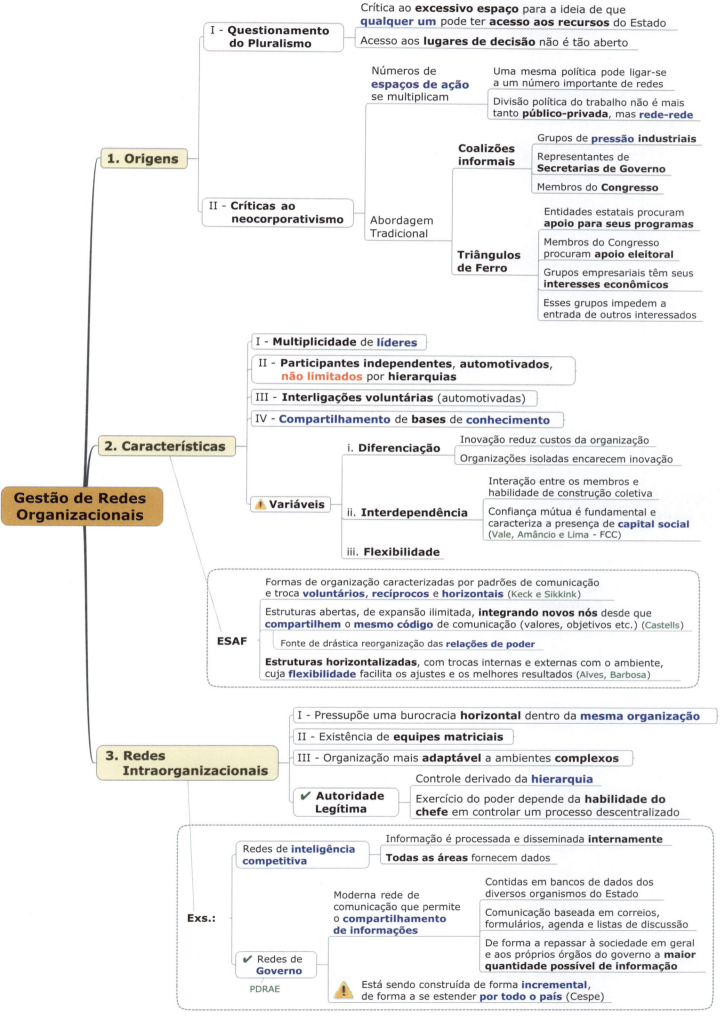

GESTÃO DE REDES ORGANIZACIONAIS II

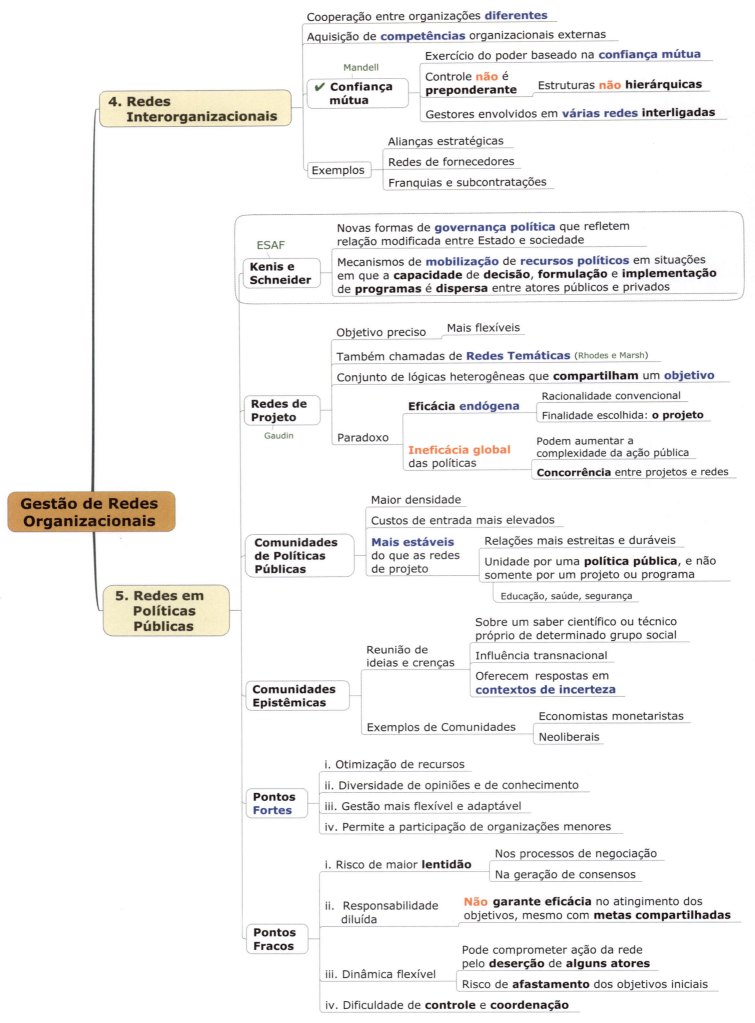

Capítulo 12

Gestão de Pessoas

GESTÃO DE PESSOAS - NOÇÕES GERAIS E PROCESSOS DE GESTÃO

Gestão de Pessoas

1. Noções gerais

- Segundo Joel Dutra, a gestão de pessoas pode ser definida como o conjunto de políticas e práticas que permitem a conciliação de expectativas entre a organização e as pessoas para que ambas possam realizá-las ao longo do tempo
- O propósito da administração de recursos humanos é prover a organização com uma força efetiva de trabalho, diante da premissa de que as pessoas são o pilar de sustentação do sucesso organizacional
- A gestão de pessoas pode ser dividida em seis processos básicos: processos de **agregar** pessoas, processos de **aplicar** pessoas, processos de **recompensar** pessoas, processos de **desenvolver** pessoas, processos de **manter** pessoas e processos de **monitorar** pessoas

2. Processos de gestão de pessoas

I - Processos de agregar pessoas

São os processos utilizados para aumentar o efetivo de pessoas na organização

Envolvem:

i. Recrutamento
- Processo em que a organização **divulga** e **oferece** oportunidades de trabalho
- Pode ser **interno** (candidatos que trabalham na organização) ou **externo** (candidatos que estão no mercado de trabalho)

ii. Seleção
- Etapa posterior ao recrutamento, de **escolha** dos candidatos de acordo com as necessidades da organização
- Envolve diversas técnicas como a aplicação de **provas** de conhecimento e de capacidades e testes de personalidade

II - Processos de aplicar pessoas

- São os processos relativos à **definição das atividades** que as pessoas irão realizar na organização, os quais servem para orientar e acompanhar seu desempenho
- Incluem desenho organizacional e desenho de cargos, orientação das pessoas e avaliação do desempenho

III - Processos de recompensar pessoas

- São os processos utilizados para **incentivar** as pessoas e satisfazer suas necessidades (motivação)
- Abrangem recompensas, remuneração e demais benefícios

IV - Processos de desenvolver pessoas

São os processos de **capacitação**, relacionados ao desenvolvimento pessoal e profissional, tais como treinamento e desenvolvimento, gestão do conhecimento e gestão de competências e desenvolvimento de carreiras

⚠️
- **Treinamento** é orientado para o **presente**, buscando resultados imediatos de desempenho, não sendo constituído de ações educacionais de longa duração
- **Desenvolvimento de pessoas** focaliza, geralmente, cargos a serem ocupados **futuramente** na organização e as novas habilidades e capacidades que serão requeridas

V - Processos de manter pessoas

- São os processos utilizados para criar condições ambientais e psicológicas satisfatórias para as atividades das pessoas
- Incluem administração da cultura organizacional, clima, disciplina, higiene, segurança e qualidade de vida

VI - Processos de monitorar pessoas

São os processos utilizados para **acompanhar** e **controlar** as atividades das pessoas e verificar **resultados**

GESTÃO DE PESSOAS - CULTURA E CLIMA ORGANIZACIONAL

Gestão de Pessoas

3. Cultura organizacional

- É o conjunto de **valores**, **crenças**, **normas de comportamento** de uma organização, conferindo-lhe identidade e diferenciando-a das demais organizações
- Constitui o **modo institucionalizado** de **pensar** e **agir** de uma **organização**, definindo a maneira como os seus integrantes devem interagir entre si e o ambiente externo
- Apresenta a função de **regular** as **relações** entre os membros da organização, definindo, por exemplo, critérios para avaliação de desempenho dos servidores e o comportamento esperado em relação à autoridade
- São elementos da cultura organizacional os símbolos, as normas, métodos e procedimentos, cerimônias, políticas organizacionais etc.

Níveis da cultura

i. Artefatos
- Compõem o 1º nível da cultura, o mais **superficial**, visível e perceptível
- São as estruturas e processos organizacionais **visíveis**, compostos por produtos, serviços e padrões de comportamento dos membros de uma organização

ii. Valores compartilhados
- Correspondem a **filosofias**, **estratégias** e **objetivos** (justificativas aceitas por todos os membros)
- Focaliza a maneira como as situações são tratadas e os problemas são enfrentados na organização

iii. Pressuposições básicas
- Constituem o terceiro nível, o mais **íntimo**, profundo e oculto
- Também chamadas de **certezas tácitas compartilhadas**, são as crenças inconscientes, percepções, pensamentos e sentimentos
- A cultura prescreve a maneira certa de fazer as coisas na organização, muitas vezes, por meio de **pressuposições não escritas** e **faladas**

4. Clima organizacional

- Trata de aspecto **cognitivo** relacionado à **percepção** do **ambiente organizacional** (modo como as pessoas avaliam o ambiente organizacional)
- É a **percepção** global das **pessoas** a respeito do seu **ambiente de trabalho**, capaz de influenciar o comportamento profissional e afetar o desempenho da organização
- Enquanto o **clima** é uma medida de **percepção avaliativa** (a qualidade do clima é dada pela avaliação das pessoas), a **cultura** já tem um caráter mais **descritivo** (crenças, costumes e normas que regem a empresa) (Rafael Encinas)

GESTÃO DE PESSOAS - GESTÃO POR COMPETÊNCIAS

5. Gestão por competências

Noções iniciais

No setor público, a **competência** pode ser definida como o conjunto de **conhecimentos**, **habilidades** e **atitudes** (**CHA**) necessários aos servidores para alcance dos objetivos da organização

- **Conhecimentos**: Conjunto de técnicas e informações que a pessoa domina (saber)
- **Habilidades**: Capacidade de **aplicação** produtiva do **conhecimento** (utilizá-lo em uma ação)
  - Pode ser:
    - **Técnica** (capacidade relacionada a uma atividade específica)
    - **Humana** (capacidade de entender, liderar e trabalhar com pessoas)
    - **Conceitual** (capacidade de compreender e lidar com a organização, de formular estratégias, analisar problemas e tomar decisões)
- **Atitudes**: Perfil preparado para **mudanças** e **eficiência**, foco em resultados, capacidade de adaptação a novas culturas organizacionais

Para Chiavenato, **competência** é a capacidade de aplicar o **conhecimento** para agregar valor e fazê-lo acontecer na organização mediante mudança e inovação

A **competência** é a conjunção de três fatores:
- **Saber fazer** (conjunto de conhecimentos, habilidades e experiência)
- **Querer fazer** (motivação, vontade e comprometimento)
- **Poder fazer** (ferramentas, equipamento e local de trabalho adequado)

Categorias de Competências (Chiavenato)

- **I - Essenciais**
  - Competências **básicas**, relacionadas ao negócio principal da organização e fundamentais para o seu sucesso
  - Relacionadas à **eficácia organizacional**
- **II - De gestão**
  - Relacionadas à **gestão de recursos** (financeiros, humanos e materiais)
  - Relacionadas à **eficiência interna** da organização
- **III - Organizacionais**
  - Relacionadas à **vida íntima** da organização, como a cultura corporativa e a estrutura organizacional
  - Referem-se ao **aparato interno** por meio do qual a organização se articula e se integra para funcionar
- **IV - Pessoais**
  - Competências que cada **indivíduo** aprende e desenvolve em suas atividades pessoais na organização
  - As competências pessoais conduzem às organizacionais; estas, às de gestão e, por fim, às competências essenciais

Mediante um processo estratégico de desenvolvimento de competências, são avaliadas e definidas as competências essenciais (atuais ou exigidas), para, depois, serem definidas as competências de gestão, as competências organizacionais e, por fim, as competências individuais

Conceito

A **gestão por competências** é um modo de **administrar** os processos de **gestão de pessoas** (seleção, desenvolvimento, avaliação de desempenho, remuneração, etc.) que surgiu em substituição aos **modelos tradicionais** de administração de recursos humanos, os quais pautavam-se pelo levantamento de necessidades de treinamento (visão do **presente** e do **passado**)

Visa a orientar os esforços da organização para planejar, captar, desenvolver e avaliar, nos seus diferentes níveis (individual, grupal e organizacional), as competências necessárias à consecução de seus **objetivos** (visão de necessidades **futuras** da organização)

É um **programa sistematizado** que objetiva definir perfis profissionais que proporcionem maior produtividade e adequação ao negócio, identificando pontos de excelência e pontos de carência, para suprir lacunas e agregar conhecimento, mediante critérios objetivos e mensuráveis

Etapas da gestão de competências

- Definição das **competências essenciais** para alcance dos objetivos da organização
- Identificação do **GAP** (lacuna) de competências da organização (comparação entre as competências necessárias e as competências existentes na organização)
- Planejamento, seleção, desenvolvimento e avaliação de competências, para **reduzir** o **GAP**
- Acompanhamento e avaliação (verificação dos resultados alcançados em cotejo com os resultados esperados)

GESTÃO DE PESSOAS - GESTÃO POR COMPETÊNCIAS - PODER EXECUTIVO FEDERAL

6. Gestão por competências Poder Executivo Federal

- **Gestão da competência**: É a **gestão da capacitação** orientada para o desenvolvimento do conjunto de conhecimentos, habilidades e atitudes necessárias ao desempenho das funções dos servidores, visando ao alcance dos **objetivos** da instituição

- **Capacitação**:
  - **Capacitação** é o processo permanente e deliberado de aprendizagem, com o propósito de contribuir para o desenvolvimento de competências institucionais por meio do desenvolvimento de competências individuais
  - São **eventos de capacitação** cursos presenciais e à distância, aprendizagem em serviço, grupos formais de estudos, intercâmbios, estágios, seminários e congressos, que contribuam para o desenvolvimento do servidor e que atendam aos interesses da Administração Pública

- **Decreto nº 5.707/2006 — PNDP** — Política Nacional de Desenvolvimento de Pessoal

  - **Diretrizes**:
    - I - Incentivar e apoiar o servidor público em suas iniciativas de capacitação
    - II - Assegurar o acesso dos servidores a eventos de capacitação interna ou externa
    - III - Promover a capacitação gerencial do servidor e sua qualificação para atividades de direção e assessoramento
    - IV - Incentivar e apoiar as iniciativas de capacitação promovidas pelas próprias instituições
    - V - Estimular a participação do servidor em ações de educação continuada
    - VI - Incentivar a inclusão das atividades de capacitação como requisito para a promoção funcional
    - VII - Considerar o resultado das ações de capacitação e a mensuração do desempenho complementares entre si
    - VIII - Oferecer oportunidades de requalificação aos servidores redistribuídos
    - IX - Oferecer e garantir cursos introdutórios ou de formação, inclusive aqueles sem vínculo efetivo com a Administração Pública
    - X - Avaliar permanentemente os resultados das ações de capacitação
    - XI - Elaborar o plano anual de capacitação da instituição, com as definições dos temas e as metodologias de capacitação a serem implementadas
    - XII - Promover entre os servidores ampla divulgação das oportunidades de capacitação
    - XIII - Priorizar, no caso de eventos externos de aprendizagem, os cursos ofertados pelas escolas de governo, com coordenação da Escola Nacional de Administração Pública (Enap)

  - **Finalidades**:
    - I - Melhoria da eficiência, eficácia e qualidade dos serviços públicos
    - II - Desenvolvimento permanente do servidor público
    - III - Adequação das competências requeridas dos servidores aos objetivos das instituições
    - IV - Divulgação e gerenciamento das ações de capacitação
    - V - Racionalização e efetividade dos gastos com capacitação

  - **Responsáveis e atribuições**:
    - **Secretaria de Gestão do MPOG**: Desenvolver e implementar o sistema de gestão por competência
    - **Ministro do MPOG**: Disciplinar os instrumentos da Política Nacional de Desenvolvimento de Pessoal
    - **Enap**:
      - Promover, elaborar e executar ações de capacitação
      - Coordenar e supervisionar os programas de capacitação das demais escolas de governo
    - **Comitê Gestor**:
      - Avaliar relatórios anuais dos órgãos e entidades
      - Orientar órgãos e entidades da Administração Pública federal na alocação de recursos
      - Promover a disseminação do PNDP entre os dirigentes, titulares e servidores
    - **Escolas de governo**: Instituições destinadas, precipuamente, à formação e ao desenvolvimento de servidores da Administração Pública federal

GESTÃO DE PESSOAS - AVALIAÇÃO DE DESEMPENHO - APU FEDERAL

7. Avaliação de Desempenho

I - Introdução

- A **avaliação de desempenho** é o monitoramento sistemático e contínuo da atuação **individual** do servidor e **institucional** dos órgãos e das entidades, tendo como referência as **metas** globais e intermediárias destas unidades
- O **objetivo** da avaliação de desempenho é acompanhar o desenvolvimento cognitivo dos servidores/empregados, especialmente para medir seu **CHA** (**C**ompetências, **H**abilidades e **A**titudes), para elevar performance
- A avaliação é atualmente ligada ao processo de **accountability**, novo paradigma no controle e responsabilização política do Estado

II - Métodos de Avaliação (Decreto 7.133/2010)

Avaliação 360°
- Método circular, em que todos participam avaliando e sendo avaliados (subordinados com subordinados, chefe com subordinados, subordinados com chefes)
- ✔ Vantagens
  - Melhor qualidade da informação
  - Método mais compreensivo e de múltiplas perspectivas
- ✘ Desvantagens
  - Dificuldade de gerenciamento e aplicação
  - Requer treinamento para utilização

Avaliação por resultados
- Estabelece metas e objetivos quantitativos e qualitativos
- Indicadores previamente acordados entre avaliador e avaliado

Avaliação por escala gráfica
- Realizada por meio de fatores elencados em formulário, com quesitos e colunas e respectivos graus de avaliação
- ✔ Vantagem: Mais simples de ser aplicada
- ✘ Desvantagem: Subjetividade do avaliador

Avaliação focada em traços
- Analisa o comportamento do indivíduo e o ambiente da organização (diagnóstico de traços de personalidade)
- ✔ Vantagem: Auxilia na definição dos traços de personalidade desejáveis para a função
- ✘ Desvantagens:
  - Nem sempre traços são diretamente observáveis
  - Maior grau de subjetividade

III - Critérios mínimos de avaliação

i. Produtividade no trabalho, com base em parâmetros previamente estabelecidos de qualidade e produtividade
ii. Conhecimento de métodos e técnicas necessários para o desenvolvimento das atividades referentes ao cargo efetivo na unidade de exercício
iii. Trabalho em equipe
iv. Comprometimento com o trabalho
v. Cumprimento das normas de procedimentos e de conduta no desempenho das atribuições do cargo

IV - Critérios por categoria de servidor

Servidores efetivos ocupantes de DAS 1, 2 e 3 e servidores não ocupantes de cargo em comissão ou função de confiança

Avaliação **individual**, a partir:
- a) dos conceitos atribuídos pelo próprio avaliado, na proporção de 15%
- b) dos conceitos atribuídos pela chefia imediata, na proporção de 60%
- c) da média dos conceitos atribuídos pelos demais integrantes da equipe de trabalho, na proporção de 25%

Avaliação institucional

Servidores efetivos ocupantes de cargo em comissão ou função de confiança DAS 4, 5 e 6

- Em exercício **no próprio Órgão** ou na **Presidência ou Vice-Presidência** da República
  - Avaliação **individual** e **institucional**
  - Perceberão a gratificação de desempenho calculada com base no **valor máximo da avaliação individual** somado com o da **avaliação institucional** do período
- Quando cedidos a **outros Órgãos**
  - Apenas **avaliação institucional**
  - Perceberão a gratificação de desempenho calculada com base no resultado da **avaliação institucional** do período

Capítulo 13

Políticas Públicas

POLÍTICAS PÚBLICAS - FORMAÇÃO DA AGENDA

A **formação da agenda** de políticas públicas ocorre a partir da inclusão de determinado pleito ou necessidades na lista de **prioridades** do Poder Público

Políticas públicas - Agenda

1. Construção da agenda

- **Segunda agenda** ou **agenda decisória**: Os decisores selecionam algumas das prioridades incluídas para **decisão ativa** dos formuladores

- **Estado de coisas** (*condition*)
  - ✔ Situações prejudiciais, que geram insatisfação
  - Persistente
    - Não decisão
    - Problema não incluído na agenda
  - Se desperta interesse
    - Incluído na agenda para decisão

Mas como um problema **deixa de ser um estado de coisas** para entrar na **agenda política**? Alguns modelos buscam explicar

2. Modelos

Modelo dos Múltiplos fluxos (Kingdon)

Segundo este modelo, uma questão passa a fazer parte da agenda, quando há a **junção** de **três fluxos**, e abre-se uma **janela política** (*policy window*)

- **Fluxo dos problemas**
  - ✔ Mecanismos que trabalham para transformar uma *condition* em um tópico da agenda
  - Indicadores: Índice de desenvolvimento humano, taxa de homicídios, taxa de reprovação no Enem
  - Crises e eventos:
    - Manifestações populares, ocupações, protestos
    - Surtos epidêmicos podem suscitar prioridade para saneamento
  - *Feedback* de ações governamentais: Retorno de políticas anteriores

- **Fluxo das alternativas**
  - ✔ Corresponde ao fluxo de conhecimento e discussão de ideias
  - Vale a persuasão e o consenso
  - Audiências públicas, grupos de trabalho, especialistas

- **Fluxo da política**
  - ✔ É a lógica da atividade política propriamente dita: forças de coalizão, barganhas, arranjos políticos
  - Clima ou comoção nacional
  - Grupos de pressão e mudanças dentro do governo

Se os três fluxos convergem, abre-se a janela política (de oportunidade)

Modelo do Equilíbrio Pontuado

- ✔ Determinadas questões ficam **restritas** às comunidades técnicas, grupos de poder e subsistemas políticos → Enquanto **outras ascendem** à agenda política

- ✔ Processos de política pública se caracterizam por períodos de "**equilíbrio**" que são "**pontuados**" por períodos de **mudança**

- Momentos de **ruptura** surgem quando o formulador tem sua atenção despertada
  - Pelos **meios**, como eventos-foco
    - Ex.: Perda do controle do presídio de Pedra Branca - São Luís (MA)
    - Manifestações populares de 2013
  - Pelas **formas**, como situações-problemas que colocam em xeque valores importantes
    - Ex.: Redução da maioridade penal
    - Demarcação de terras indígenas

Após a ruptura, o sistema voltaria à "**homeostase**" original, de **aparente calma**, não obstante a persistência de outras **tensões externas**

FORMULAÇÃO DE POLÍTICAS PÚBLICAS I

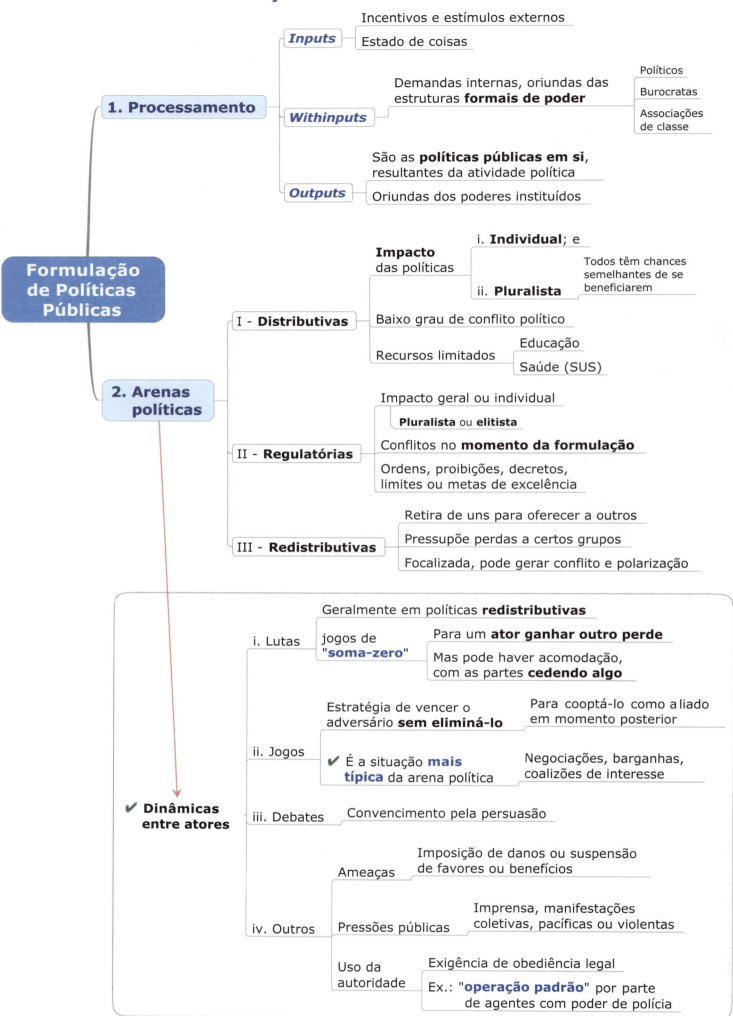

FORMULAÇÃO DE POLÍTICAS PÚBLICAS II

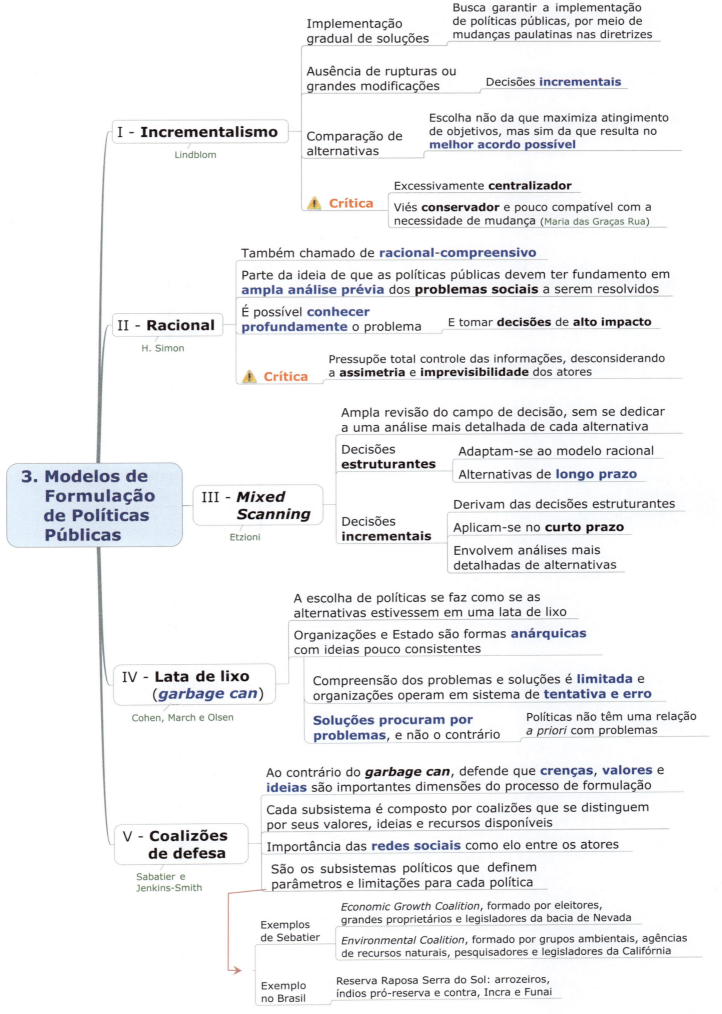

3. Modelos de Formulação de Políticas Públicas

I - Incrementalismo (Lindblom)

- **Implementação gradual de soluções**: Busca garantir a implementação de políticas públicas, por meio de mudanças paulatinas nas diretrizes
- **Ausência de rupturas ou grandes modificações**: Decisões **incrementais**
- **Comparação de alternativas**: Escolha não da que maximiza atingimento de objetivos, mas sim da que resulta no **melhor acordo possível**
- **Crítica**:
  - Excessivamente **centralizador**
  - Viés **conservador** e pouco compatível com a necessidade de mudança (Maria das Graças Rua)

II - Racional (H. Simon)

- Também chamado de **racional-compreensivo**
- Parte da ideia de que as políticas públicas devem ter fundamento em **ampla análise prévia** dos **problemas sociais** a serem resolvidos
- É possível **conhecer profundamente** o problema — E tomar **decisões** de **alto impacto**
- **Crítica**: Pressupõe total controle das informações, desconsiderando a **assimetria** e **imprevisibilidade** dos atores

III - Mixed Scanning (Etzioni)

- Ampla revisão do campo de decisão, sem se dedicar a uma análise mais detalhada de cada alternativa
- **Decisões estruturantes**:
  - Adaptam-se ao modelo racional
  - Alternativas de **longo prazo**
- **Decisões incrementais**:
  - Derivam das decisões estruturantes
  - Aplicam-se no **curto prazo**
  - Envolvem análises mais detalhadas de alternativas

IV - Lata de lixo (garbage can) (Cohen, March e Olsen)

- A escolha de políticas se faz como se as alternativas estivessem em uma lata de lixo
- Organizações e Estado são formas **anárquicas** com ideias pouco consistentes
- Compreensão dos problemas e soluções é **limitada** e organizações operam em sistema de **tentativa e erro**
- **Soluções procuram por problemas**, e não o contrário — Políticas não têm uma relação *a priori* com problemas

V - Coalizões de defesa (Sabatier e Jenkins-Smith)

- Ao contrário do *garbage can*, defende que **crenças**, **valores** e **ideias** são importantes dimensões do processo de formulação
- Cada subsistema é composto por coalizões que se distinguem por seus valores, ideias e recursos disponíveis
- Importância das **redes sociais** como elo entre os atores
- São os subsistemas políticos que definem parâmetros e limitações para cada política
- **Exemplos de Sebatier**:
  - *Economic Growth Coalition*, formado por eleitores, grandes proprietários e legisladores da bacia de Nevada
  - *Environmental Coalition*, formado por grupos ambientais, agências de recursos naturais, pesquisadores e legisladores da Califórnia
- **Exemplo no Brasil**: Reserva Raposa Serra do Sol: arrozeiros, índios pró-reserva e contra, Incra e Funai

105

FORMULAÇÃO DE POLÍTICAS DE PLANEJAMENTO III

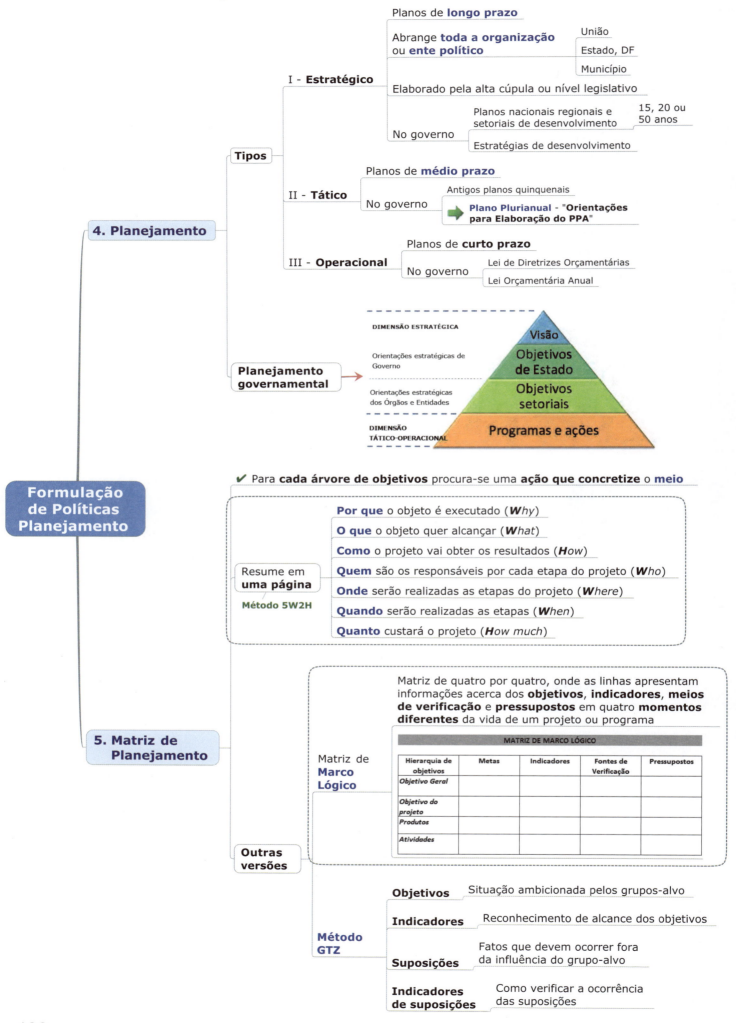

106

IMPLEMENTAÇÃO DE POLÍTICAS PÚBLICAS

Implementação de Políticas Públicas

1. Conceito
- Conjunto de ações direcionadas à **consecução dos objetivos** da política pública, com a elaboração de todos os planos, programas e projetos que permitirão executá-la
- Momento crucial para identificar por que **algumas coisas dão certo** e **outras não**
  - Ocorre entre o momento em que a política é formulada e seu resultado concreto

2. Condições ideais

i. **Circunstâncias externas não devem** impor **restrições** que desvirtuem a implementação
  - Contingenciamento orçamentário
  - Desvio e corrupção
  - Limitações políticas, fiscais e administrativas

ii. Não somente em termos globais, **não** deve haver **restrições**
  - A combinação necessária de recursos deve estar disponível **em cada estágio da implementação**

iii. Deve haver **uma só agência** implementadora
  - Se houver outras, a relação de dependência deve ser mínima
  - Coordenação entre agências deve ser prévia

iv. Deve haver **perfeita comunicação** e **coordenação** entre os envolvidos no programa

3. Condições recorrentes

"Formulação em processo"
- ⚠ Muitas decisões são tomadas na fase de **implementação**
- Conflitos **não resolvidos** na fase de formulação
- Decisões fundamentais tomadas quando **fatos** estiverem **à disposição** dos implementadores
- Pouco conhecimento sobre o **impacto efetivo** das medidas
- Reconhecimento de que certas decisões envolvem negociações com **interesses poderosos**

Imprevisibilidades
- Problemas **não previstos** na fase de formulação levam a reformular o planejamento inicial

Implementadores elegem outras prioridades
- Suas próprias prioridades
- Prioridades dos *stakeholders*
- Prioridades de grupos de interesse

Déficit de informação quanto aos objetivos do programa
- Agentes formuladores **não comunicam** de forma eficaz

Fragmentação (Maria das Graças Rua)
- Competição interburocrática
- Agências **não** se **coordenam**
- Políticas são implementadas parcialmente

Descontinuidade administrativa (Maria das Graças Rua)
- **Falta** de **concepções consolidadas** de missão institucional
- Preferências e compromissos dos **escalões superiores** possuem forte influência sobre o rumo das políticas
- Cargos superiores preenchidos com **critérios políticos**

Clivagem formulação / implementação (Maria das Graças Rua)
- Atenção maior é dada à fase de **formulação**
- Ideia de que a implementação seja uma fase **sem importância**
- Vista como fase de **baixa complexidade**

Conflito entre programas
- Separação política entre **formulação** e **implementação**
- **Adoção simbólica** de políticas
- Executivo diz que implementou o programa e que "agora é com o Congresso Nacional"
- Para dar uma satisfação ao público

AVALIAÇÃO DE POLÍTICAS PÚBLICAS I

Potente instrumento de gestão, que deve ser utilizado durante todo o *police cycle* de **planejamento**, **formulação**, **implementação** e **acompanhamento** de uma intervenção ou política (Maria das Graças Rua)

- Contribui para as atividades de controle interno, externo levando transparência e *accountability*
- No Brasil, sua importância é reconhecida oficialmente, mas isso **não** se traduz em **avaliações sistemáticas** e **consistentes** que subsidiem a gestão pública

Avaliação de Políticas Públicas

1. Definições

Momentos
- Na **formulação**, avalia a **aderência** das **ações** às **demandas** e o **custo-benefício**
- Na **implementação**, analisa a **dinâmica de funcionamento** do programa, incluindo sua formulação
- Nos **resultados**, avalia os **impactos** efetivos diretos e indiretos, incluindo a implementação

2. Limitações

I - Resistências
- A avaliação é vista por gestores como dever, obrigação ou ameaça
- Encarada como **imposição** do governo ou de organismos internacionais

II - Foco nos processos
- Paradigmas gerenciais dificultam a apropriação da avaliação pelas equipes
- Focaliza-se mais as **atividades** e **processos** do que os **resultados**

III - Visão de auditoria
- Aplicação dos processos de avaliação e monitoramento não têm induzido sua visão como aliados do gestor
- Papel acaba ficando com avaliadores externos
- A avaliação assume aspecto de **fiscalização**, **auditoria** ou **controle**, cujos resultados não costumam ser utilizados no processo decisório e gerencial

IV - Dificuldades de mensuração
- A sensibilidade dos problemas sociais a múltiplas variáveis
- Dificuldade de identificar com precisão se a mudança ocorreu em virtude de **determinada intervenção**
- Algumas intervenções evidenciam-se a **longo prazo**
- Complexidade dos objetivos das políticas públicas
- Uso de **estratégias** e **tecnologias diferenciadas** que não necessariamente conduzem ao mesmo resultado

3. Classificação em função do momento

Ex-ante
- Muito utilizada por agências de fomento, busca medir a **viabilidade** do programa a ser implantado
- Nem sempre se restringe à viabilidade econômico-financeira
- Avalia, também:
  - i. A viabilidade **política** e **institucional**
  - ii. As **expectativas** dos beneficiários da ação
- Instrumento que permite escolher a melhor **opção estratégica**

Formativa
- Focada na **gestão** e **funcionamento** do programa, durante sua implementação
- Deve responder se:
  - i. A **população-alvo está sendo atendida**, conforme as metas
  - ii. O **cronograma** está sendo **cumprido**
  - iii. Os **recursos** estão sendo **alocados** com **eficiência**

Ex-post ou somativa
- Focada nos **resultados**
- Objetivo de verificar a **efetividade** de um programa — Além dos **impactos** ou **resultados** desejados
- Realiza análise entre **processo**, **resultados** e **impactos** ➡ **Esperados** e **não esperados**

AVALIAÇÃO DE POLÍTICAS PÚBLICAS II - METODOLOGIAS

Avaliação de Políticas Públicas - Metodologias

1. Análise Custo-Benefício

✔ Objetiva identificar e avaliar todos os **custos** e **benefícios** associados a diferentes alternativas, e, assim, determinar qual a alternativa que maximiza a diferença entre **benefícios** e **custos**, expressos em **termos monetários**

É de **difícil execução**, pois requer que os custos e benefícios sejam mensurados (ou convertidos) em termos **monetários**

Ex.: Implantação de sistema de saneamento básico

- **Custos**
  - Diretos — Construção de estações de tratamento de água e esgoto
  - Indiretos — Adequação da infraestrutura necessária (servidões, desapropriações)
- **Benefícios**
  - Diretos
    - Distribuição de água e tarifação
    - Redução da poluição de mananciais com redução de custos de tratamento da água
  - Indiretos
    - Redução de internações hospitalares e consultas
    - Aumento da capacidade produtiva decorrente da redução da morbidade
    - Redução da taxa de mortalidade

✔ Avaliação privada

- Utiliza **preços de mercado** — Tanto custos quanto benefícios são avaliados a **preço-sombra**
  - **Preço-sombra** é o preço de mercado acrescido ou diminuído de ganhos e perdas que se espera que o programa produza
- Custos e benefícios trazidos a **valor presente** — Taxa de desconto é o **custo de oportunidade**
  - **Custo de oportunidade** - Qual seria o ganho no mercado de capitais ou em outro investimento?

✔ Avaliação social

- Deduzem-se do custo de mercado os **impactos distributivos** e as **externalidades positivas**
- Taxa de desconto é o **custo de oportunidade social** — Quais seriam os ganhos sociais caso os recursos fossem aplicados em outro programa?

2. Análise Custo-Efetividade

Utilizada quando a **mensuração econômica dos benefícios** é **inviável** — **Custos** são avaliados em termos **monetários**

- O **custo-efetividade** representa a **divisão do custo** pelo **resultado**

✔ Compara o grau de **eficiência relativa de cada projeto**, avaliando as alternativas de decisão em termos de unidades de produto não monetário

- Qual projeto **custa menos** para produzir **determinado resultado**?
- Qual projeto **produz mais resultados** para cada **unidade monetária** investida?

Ex.: **Programas de saúde para erradicação de determinada doença**

O melhor custo-efetividade é o da **distribuição de medicamentos**

Para cada percentual de redução da doença, há o **dispêndio de 0,71 unidade de custo**

Alternativas	Custo (A)	Redução da incidência da patologia	Custo/efetividade (A/B)
Unidades de saúde adicionais	60	80%	0,75
Campanhas de conscientização	20	25%	0,80
Distribuição de medicamentos	50	70%	0,71

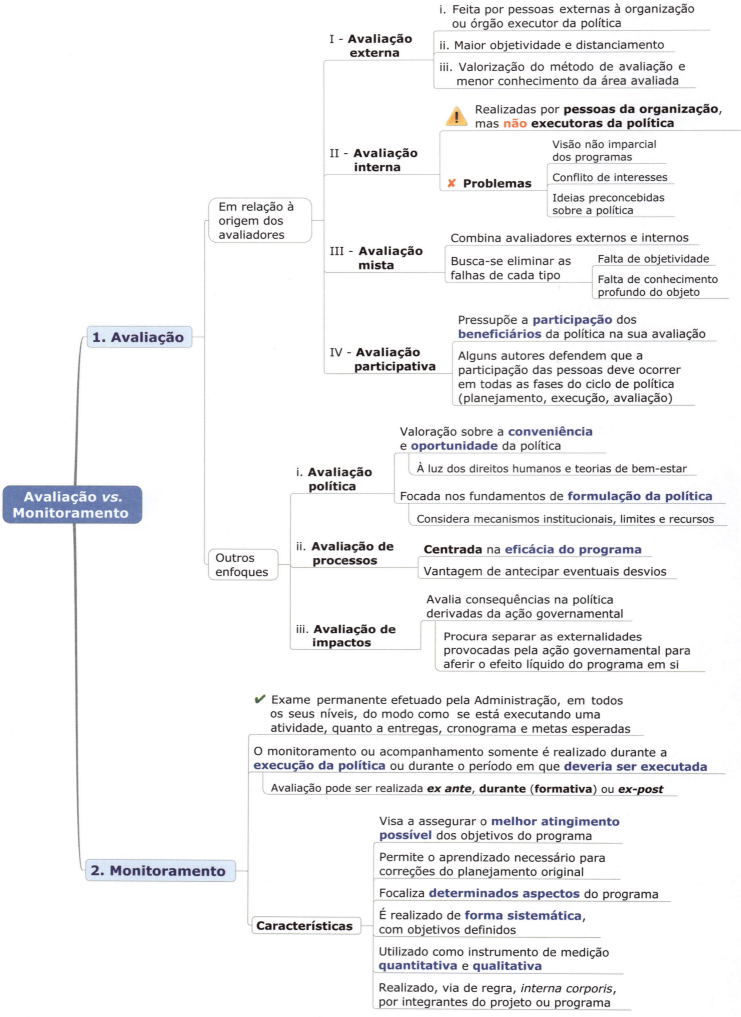

Bibliografia

FENILI, Renato. *Administração pública para concursos*. Niterói, RJ: Editora Impetus, 2013.

PALUDO, Agostinho Vicente. *Administração pública*. 3ª ed. São Paulo: Editora Elsevier-Campus, 2013.

CHIAVENATO, Idalberto. *Administração geral e pública – provas e concursos*. 3ª ed. Barueri (SP): Editora Manole, 2012.

ALEXANDRINO, Marcelo & PAULO, Vicente. *Direito administrativo descomplicado*. 22ª ed. São Paulo: Editora Método, 2014.

DI PIETRO, Maria Sylvia Zanella. *Direito administrativo*. 26ª ed. São Paulo: Editora Atlas, 2013.

Diretrizes de governo eletrônico <http://www.governoeletronico.gov.br/biblioteca/arquivos/diretrizes-de-governo-eletronico>.

Plano diretor da reforma do aparelho do Estado. Brasília, 1995.

Esta obra foi impressa em papel offset 90g/m²